学而思

Xueersi Story

故事

陈　曦——著

现代教育出版社
Modern Education Press

图书在版编目（ＣＩＰ）数据

学而思故事 / 陈曦著 . -- 北京 : 现代教育出版社，
2020.1（2021.2 重印）
ISBN 978-7-5106-7672-7

Ⅰ . ①学… Ⅱ . ①陈… Ⅲ . ①教育培训－经验－中国
Ⅳ . ① G52

中国版本图书馆 CIP 数据核字 (2020) 第 007469 号

学而思故事

作　　者：陈　曦
出 品 人：陈　琦
选题策划：王春霞
责任编辑：魏　星　曹　阳
封面设计：刘　威
出版发行：现代教育出版社
地　　址：北京市朝阳区安华里 504 号 E 座
邮　　编：100011
电　　话：010-64251036（编辑部）010-64256130（发行部）
印　　刷：北京华联印刷有限公司
开　　本：710mm×1000mm　　1/16
印　　张：16.25
千　　字：200 千字
版　　次：2020 年 1 月第 1 版
印　　次：2021 年 2 月第 5 次印刷
书　　号：ISBN 978-7-5106-7672-7
定　　价：49.00 元

序言一

中华人民共和国成立 70 年来，特别是改革开放 40 多年来，我国民办教育确实取得了巨大成绩。民办教育的作用体现在扩大了教育资源供给，减少了财政压力，满足了人民群众对教育多样化和个性化的需求，成为了促进教育改革与推动教育公平的重要力量。在此过程中也涌现出了一批有教育初心与情怀的民办教育实践者。

张邦鑫同志就是其中之一。伴随着国家教育事业的改革和发展，他创办的学而思从 17 年前那个蜗居在写字楼里的校外辅导班，成长为今天拥有 4 万多名员工、上百万学员的大型校外综合培训教育集团。这不仅是一家民营企业的成长跃迁，也是改革开放大背景下我国民办教育发展的一个缩影。

《学而思故事》这本书通过一个个鲜活的小故事讲述了学而思发展的历程，同时也体现了民办教育尤其是校外培训在国民教育系统中的作用：促进教学改革，满足多样化的教育需求，间接改善教育公平。

首先，学而思在办学过程中，注意激发学生的学习兴趣，使学生爱上学习，并且通过互联网、大数据等信息化手段跟踪孩子的学习过程和效果，分层分班教学，提供相对个性化的辅导，尽可能地因材施教，有针对性地提高学生的学习能力与成绩，从而让校外 3

小时与校内的 5 天形成"乘法效应"，系统提升学习效率。这既是校外培训机构对"提质减负"的有益探索和实践，同时也间接促进了校内教学改革。

其次，17 年来，成千上万的学而思人一起探索如何激发兴趣、培养习惯、塑造品格，满足了相当一部分社会群体对个性化教育的需求。同时，学而思在用科技推动教育进步、引进国外先进的教育资源与模式等方面做了很多积极的探索，并将这些优质内容向部分公办学校输送，在一定程度上促进了教育公平。

民办教育的发展是一个动态的、不断变革的历史过程，应当主动地创造未来。从中，我们看到学而思在教育教学中主动创新、敢于试错的勇气与魄力。

站在实现"两个一百年"奋斗目标的历史交汇点上，我相信，学而思一定能够不忘教育初心，牢记教育使命，在"教"上改革创新，在"育"上持续发力，为办好人民满意的教育做出应有的贡献。

是为序。

国家教育咨询委员会委员

联合国教科文组织协会世界联合会荣誉主席

2020 年 1 月 9 日于北京

序言二

关注学而思，最初是因为关注教育的生存与发展。作为一名教育学者，我一直在思考，课外培训机构在我国的民办教育中，在未来的教育生态中，可以发挥怎样的功效？应该有着怎样的价值意义？学而思能够异军突起，成长为行业领头羊，备受追捧，由此走入了我的视线。

关注学而思，后来是因为教育部发文对校外培训机构进行专项治理整改。作为一个以教育文化出版传媒为主要界别的民主党派，我们有不少会员就是培训机构的创办人和经营者，我们自然也要关心他们的成长与发展方向问题。

关注学而思，最直接的原因是为准备全国政协召开的"办好人民满意的教育"专题协商座谈会。我们在民进中央机关召开了一个由年轻父母亲为主的小型座谈会，竟然几乎所有的同志都提到了学而思，还有部分同志认为，有些学校解决不了的问题，被学而思解决了。为此，我专门和参政议政部的同志去学而思做了一次调研，与张邦鑫等进行了深度交流，也体验了他们的部分产品。

我的新作《未来学校》中，提出了"能者为师""课程为王""购买服务"等一系列未来教育的理念和方法，特别是把学校教育与社会教育打通，以此构建未来学习中心的构想，正涉及课外补习机构的相关方面。对于课外补习机构的研究，也成为我研究上的一个兴趣点。

没想到，正当我想好好研究一下学而思的时候，去年12月上旬，一本《学而思故事》样书放在我面前，参政议政部的同志告诉我，作者想请我作序。虽然公务繁重，但我还是毫不犹豫地答应了。随后，这本样书就放在我的公文包里，随着我东南西北跑了一圈，这本书就看完了。

几乎所有人在看到"学而思"这个名字的时候，都会联想到孔子的名言"学而不思则罔，思而不学则殆"。这句话，把学习过程中学习与思考的关系阐释得淋漓尽致：如果只是读书学习而不主动思考问题，就会感到迷惘而无所得；如果只是空想而不去学习钻研、积累知识，也会陷入困境而无所获。对于一个教育机构来说，尤其是对于一个以提高学业成绩为重要目标的课外教育机构来说，这当然是一个美丽的名字。

读完《学而思故事》却发现，学而思名字的由来，与孔子的名言关系不大，纯属巧合。从2003年到2006年，张邦鑫的公司一直没有名字，一天，刘亚超送了一本《学习改变命运》的书给张邦鑫，张邦鑫顺口说了一句"思考成就未来"。这句话，不仅促使了学而思公司名字的正式诞生，也孕育了今后的"好未来"的名字。

但我们应该说，作为一家教育公司，学而思的教育理念与教学模式，是符合孔子"学而思"的本意的。从第一章的"第一个学生"、

第二章的"第一批老师"到第三章的"第一拨家长"，张邦鑫和他的团队清晰地明白，哪怕目标是为了提高成绩，也不仅仅要教会学生知识和方法，还要激发兴趣、培养习惯、塑造品格。要达到这个境界，就需要研究学生的学习动力、学习环境和学习能力问题。学习动力与兴趣、信心、成就感和榜样效应有关，学习环境与学校、家庭和社会环境有关，学习能力与智力和方法有关。

要解决学生的学习动力、学习环境和学习能力三个方面的问题，关键是培养相应的良好习惯。如要培养学生爱读书的习惯，讲故事的习惯，给父母口述讲题的习惯，请教别人的习惯，与榜样对照的习惯，与榜样多交流的习惯，与老师保持良好沟通的习惯，积极参加社会实践的习惯，自我约束的习惯，做事情集中注意力、一心一用的习惯，课前适当预习、上课认真听讲、课后先复习后作业的习惯，定期反思的习惯，学会整理错题本、梳理自己的知识树的习惯等。

与这些习惯相关，在学习动力方面，要形成目标、积极、坚持、好学的品格；在学习环境方面，要创造诚信、勤奋、感恩、信念的氛围；在学习能力方面，要形成专注、反思、规划、务实的品格。

在这个意义上说，这本书的意义，不仅是让我们认识了学而思，而是认识学而思崇尚和遵照的教育理念。

那些只关注"别人家的孩子"的焦虑的父母，应该重新审视自己的孩子和自己的家庭教育，重新考虑是否有必要给孩子报培训班、报什么样的培训班，也许就能够结合自己孩子的实际情况，做出最好的选择和规划。

那些只关心分数的中小学教师，应该近距离观察校外培训机构为什么能够让学生用心学习，反思自己走上讲台直到今天所走过的路，反思自己年复一年的教育生活，也许明天再面对自己的学生，就会有不同的目光。

正如我在《未来学校》中呼吁的那样，因为互联网，大批量的个性化学习越来越从可能变成现实。一个可以成就人人的未来学习中心，需要我们今天继续不懈地行动。

学而思，才能有好未来。教育也好，企业也罢，乃至家庭和个体，只要用心地去学习、思考、探索，一定会有美好的明天。

苏州大学新教育研究院教授

新教育实验发起人、民进中央专职副主席

朱永新

2020 年 1 月 28 日于北京

序言三

作为一名民办教育的研究者，各类民办教育机构都会引起我的关注，其中课外辅导机构属于非学历民办教育机构，它兼具企业和学校双重属性。近年来课外辅导机构层出不穷、鱼龙混杂，其中不少因为这样或那样的原因，被社会所诟病，甚至被管理部门所取缔。其实，也有不少课外辅导机构凭着良好的行为和口碑，不断将教育创新和科技创新融入教学过程中，不仅满足了社会的需求，而且通过设立基金会和捐赠的形式承担起了社会的责任。"学而思"就是这样一家由小而大的创业公司。

早就知道有学而思，但它真正引起我的关注却是最近的事情。2019 年，我几次与它的管理层交流，参观企业，交流看法。当我近距离走进它，才看到其令人刮目相看的一面，其中一次是学而思创始人张邦鑫先生亲自接待我们，并谈他的创业过程和对未来的思考。

我们耳闻目睹的事情，都被写在《学而思故事》一书中。这本通俗读物讲述了学而思在短短的 17 年时间里成长的过程，展现了大时代中有为人才的创业奇迹。

作为一个企业，它的市值超过千亿元，上市后，在市场力量的推动下，不断扩大服务范围，服务网点遍及全国许多城市。创新是企业长盛不衰的秘诀。它在技术前沿领域开展研发工作，获得很多项技术专利，把先进的 AI 技术引入到教学业务中。

节约成本是企业竞争力所在。目前，学而思线上教育规模已经超过线下教育规模，不仅节约了企业人力成本，而且也降低了消费者的学习价格。

作为一个教育机构，它注重激发学生的学习兴趣、提高学习的效率。它每年投入的研发经费达数十亿元，通过采用大数据、人工智能技术，发现学生学习过程中存在的问题，改进和优化教学过程，让学生以有效的方式掌握知识要点。当它的教研水平和教学质量达到一定程度时，已经开始反哺公立学校，参与公立学校的教师培训，其服务也被列入政府采购范围。

作为一个具有公益属性的组织，学而思 2008 年开始做公益，2012 年成立了社会责任部，持续扶持贫困地区的教育发展，帮助少数民族地区推广普通话，其行为得到了联合国教科文组织的肯定。

作为一个面向未来的组织，它的前途还很远大，通过发展教育来加速社会进步是它的愿景，不断创新、承担更多的社会责任是其实现愿景的途径，基业常青是长久的追求。我们期待，学而思将来可以超越以应试为标志的教育成功，在更深的认知水平甚至是超越认知领域的广义教育方面，有所作为，走向新的辉煌。

北京大学教育学院院长

阎凤桥

2020 年 1 月 3 日于燕园

目录

/

第一章　第 一 个 学 生

很多 80 后、90 后听过"美国人 18 岁以后就开始自食其力"的故事，尽管这种在中国流传甚广的说法并不全然是事实，客观上却激励了一批批成年中国学生在校园里实现了经济独立。

"从小父亲就告诉我，美国人 18 岁以后就自食其力了。而我 18 岁以后仍在读书，还在向家里要钱。我父母只是普通的农民，连社保都没有。"张邦鑫回忆说。

为了减轻家里负担，张邦鑫 2002 年成为一名兼职家教老师。那

学而思初创时期，张邦鑫在为家长做分享

一年，他刚刚从四川大学考取北京大学硕博连读研究生，课余时间做了几份家教。

相比其他兼职，家教性价比最低。但在那个时候，对于出身农家的大学生来说，家教收入很高。张邦鑫格外珍惜这份工作，花费很多心思研究如何把学生教好。

"要么不做，要做就做到最好。"张邦鑫给自己定下这样的标准。

但很快他发现一个问题：一个孩子一周在学校上"5 天"课都没有学好，怎么可能"3 个小时"家教就能教好呢？

经过几天的冥思苦想，他茅塞顿开：如果 3 小时家教只是教知识，那是做"加法"，相当于"5 天 +3 小时"，效果自然有限。只有通过这 3 个小时，改变学生周一到周五在学校的状态，提高他在学校的学习效率，才会产生价值。所以，这 3 小时必须与学校 5 天做"乘法"。

想清楚这个逻辑之后，他便对这 3 个小时绞尽脑汁，思考怎样授课才能激发学生的兴趣。他做了大量备课工作，结果第一节课的备课时间就超过了 10 个小时。在他早期辅导的 3 个学生中，有一个对学习不那么感兴趣。为了调动孩子的积极性，他除了讲知识，还会沿着知识脉络给孩子讲一些有趣的故事和生活中的话题，孩子非常喜欢他，每次辅导结束都对他恋恋不舍。

一个月下来，孩子学得挺开心，可张邦鑫再一次感到了不安：如果学习过程很欢乐但没有效果的话，该怎么跟家长交代？有没有一种可以确认学生学懂弄通的方法呢？

一番思索之后，他琢磨出一套方法：孩子把学校里学习的要点先给他讲一遍，他再给孩子讲拔高的部分。当孩子用自己的语言把课堂上的知识讲出来时，就说明他真的懂了。后来张老师越来越"懒"，有时索性让孩子讲自己的思考和探索，他更多的是参与讨论和给予鼓励。

这样，孩子一步步爱上了学习，动力十足。这是 3 小时创造的价值，也成为学而思教育理念的起点。

张邦鑫后来总结他做家教的三个阶段：

第一阶段，他讲故事又讲题，扮演着领跑者的角色；

第二阶段，随着学生能力的提高，他从领跑者变成了伴跑者；

第三阶段，他成为一个欣赏者，坐在一旁看着孩子跑，为他鼓掌。

后来有一个孩子进步特别快，连续三次数学考了 100 分。孩子父亲很高兴，给张邦鑫介绍了一拨熟人的孩子过来，还找了一个大院礼堂作为上课地点。

开课那天，雪下得很紧，张邦鑫焦急地在礼堂踱着步子，他不知道会来多少人。结果 20 对家长和孩子踏雪而来，试听完一节课之后全部报名了。

第一次收到那么多现金，这个年轻人有些恐慌。这种恐慌与初做家教时的感觉不一样。家教是个性化的，他可以针对每个孩子的特点确保学习效果，但是辅导班 20 个孩子，很可能后进的学生跟不上，而领先的学生又"吃不饱"。思考再三，他决定根据学生的水平，把 20 个孩子分成上下午两个小班，这也是学而思最早的小班分层教学。

尽管如此，张邦鑫还是担心：如果过了一个学期，有孩子从班上 15 名变成了 50 名，怎么跟家长交代？这让他倍感焦虑。所以他又定下一个规矩——开放课堂，所有家长可以坐在教室后面旁听，不满意随时退费。这些朴素的想法，成为学而思延续至今的商业模式，倒逼他们战战兢兢，如履薄冰，把教学质量做好。

这种天然的客户意识，与张邦鑫的家庭背景有关。他出身江苏农村，父母在当地做小买卖。别人过来买东西，买 1 斤，父母会给人家 1 斤 1 两；买 2 斤，给人家 2 斤 1 两。他们的逻辑是：不同人家的秤不同，难免有误差，多给人家 1 两，误差会降低。

从小受父母影响，他总怕占别人便宜。做辅导班时，他也担心占家长便宜，所以每次课都精心准备，哪怕上午讲过一遍，下午上课前还会再过一遍，把每次课都当成新的。

一天中午，一位家长急匆匆地赶到教室。原来孩子那天发烧了，父母原本希望他在家休息一天，结果大人上班之后，孩子偷偷跑到教室来了。这让张邦鑫很感动，深感责任重大。打那以后，他更努力了。

不知不觉，半个学期过去了。一次下课后，几个家长在教室后面窃窃私语，张邦鑫有点忐忑，怀疑是不是昨天讲课有点松懈，家长有意见了。正当他惴惴不安时，家长们过来了。

"张老师，你下学期还教吗？"家长问。

"你们下学期还学吗？"他松了口气，回应道。

"只要你教，我们就学。"

"只要你们学，我就教。"

张邦鑫发现，只要你真心为学生好，能真正帮到他们，他们就会跟着你一直学下去。从那时起，他就很重视口碑，这也形成了学而思的续报模式。

然而，2003年"非典"来袭，张邦鑫只好关掉小有起色的辅导班，捣鼓了一个网站"奥数网"，为有学习需求的家长和学生在线答疑。"非典"过后，他的辅导班迅速恢复。家长们的口耳相传，带来了源源不断的生源，可他的小身板撑不住了。这时，刚好他的北大同学曹允东也在寻找办班"盟友"，两人便东拼西凑借了10万元，于2003年8月注册了一家公司。

当时，他们在北航南门的知音商务写字楼租了一间办公室，不到20平方米。两张桌子、两把椅子、一个破沙发和一个古旧铁皮密

学而思最早的办公地知音商务写字楼

为纪念学而思第一个办公地"知音楼",现今集团总部的员工休闲区也承其名

码柜就是全部家当,它们是从一个公司淘汰的家具中花 350 元买的。沙发屁股底下有个大洞,铁皮密码柜由于不知道密码,直到后来搬家扔掉时也从未打开过。

窘迫的办公环境,让初来的几百位家长满腹狐疑,于是他们就免费给一个个家长试讲。家长们见他们一脸赤诚,检查了他们的身份证之后才敢交钱,最终 100 多个胆大的家长把孩子留了下来。一天天过去,学生越来越多,学而思也一步步成长起来。

第二章　第一批老师

夜阑人静时，张邦鑫常常回想起多年前的一幕：破旧的办公室灯火通明，白色的灯光下，一群风华正茂的老师正在为了一个知识点或一道题的最优解唇枪舌战，那情景像极了大学里的学术争鸣……

那是流淌在他心里的流年，十多年过去了，有些东西从未改变。

成为好老师有多难

创立不久，学而思很快在北京中小学课外辅导领域小露峥嵘，很多家长闻讯而来，学生越来越多，张邦鑫却犯起了愁：如何在规模不断扩大的情况下，保证教学品质和用户体验不下降？

优秀的师资是重中之重。十多年前，北京知名中小学辅导机构主要以公立学校兼职老师为主，走"校中校"路线，这个无经验、无资源、无人脉的"三无"机构，自然招不到这样的教师。

于是，他们决定另辟蹊径，去重点大学寻觅优秀学生，便在各高校论坛广撒"英雄帖"，应者云集，适者寥寥。

第一批应聘的 60 位老师，张邦鑫和曹允东面试了整整一天，最后只录取了 3 个人。

其中一个人表现尤为突出，他一进来就向工作人员询问面试细

2008 年，学而思高校招聘巡讲

节，了解怎么讲课。别人试讲时，他一直坐在后面默默记笔记，一边听一边学，不断总结经验教训，试讲后以第一名被录取。他叫刘亚超，高中数学全国联赛一等奖获得者，后来负责学而思初中部，并因战绩斐然成为联合创始人。

那时，学而思招录标准十分严苛。有一次，北大一个宿舍的几个同学一起过来面试，结果"全军覆没"。他们回去一合计，认为学而思是一个骗子机构，根本不是真的想招聘大学生，于是就在学而思发布招聘信息的北大未名论坛和清华水木论坛上投诉。

有个帖子如此写道：

"该学校……合同上的条款极为苛刻，工资时薪低，每次上课要提前 20 分钟到，每次要提前 3 天给教案，还必须参加他们定期的教案编写活动……"这样的帖子一度给学而思的教师招聘带来了巨大困难。

虽然创业维艰，但学而思在师资上坚持"高配"：创业伊始便从 211、985 院校招揽人才，而且录取率不到 5%，这个标准延续至今。新老师过了选聘关之后，还要经历练课、听课、做题、写教案、试

首页版面 – 兼职教育 (JiaJiao)

返回

下页|尾页|1/6|转到 ○ (GO)

主题：揭露学而思的骗人行径

楼主| |2006-10-20 21:41:42 |只看此 ID

该学校面试一般 6 次以上，通常面了都没课给，打着自己效益好的幌子浪费学生时间实为可恨，再者，面试上了合同上的条款极为苛刻，工资时薪低，每次上课要提前 20 分钟到，每次要提前 3 天给教案，还必须参加他们定期的教案编写活动，每次不提前 20 分钟到的算迟到每次迟到扣钱，每次面试他们会提出一系列的问题毛病，其实就一个幌子，试问哪个人讲课是 perfect？就算有这样的老师会去你们学而思这个烂地方么？还有他们那个主管的课我听了，还以为自己是什么高人呢，就一个混混，我还可以挑出他的一沓毛病呢，讲课过于花哨，适合讲动画片不适合教书，不能吸引小朋友的注意力。

--

FROM

2006 年，清华水木论坛上对学而思招聘的质疑

讲、练板书等长达半年的内功修炼才能授课。

曾经一位北大毕业的数学老师坦言，他接连试讲了 7 次课，写了几万字的讲义，才站上学而思的讲台。这位老师不知道的是，后来的老师一堂课练习几十遍是常态。2011 年，天津学而思有一位叫徐研的老师，为了通过试讲，讲了竟有 100 多次。

给学生递一把椅子

彼时，与一般课堂的严肃齐整不同，学而思的教师充满激情，讲课旁征博引，教室里荡漾着快乐的空气。

一位早期学生家长至今记得，当年孩子的数学老师把一道复杂的列式方程题层层分解，循循善诱，最终引导孩子找到了答案，孩子从此不再畏惧难题。

"当一个学生想自己爬桌子，却爬不上去时，一个好老师不会把学生抱到桌子上，而是在旁边悄悄地递一把椅子。当学生自己轻松爬上椅子，并从椅子爬上桌子之后，他会欣喜地认为是自己爬上了桌子。"给学生信心和成就感是教学的奥秘，张邦鑫如是感慨。

据学而思早期教学负责人张超月回忆，这些优秀大学生功底深厚、视野宽广，擅长从生活中、时事热点中和综艺节目中随处拈取素材融到教学中，把知识点讲得出其不意。与此同时，他们也把自己读书时行之有效的方法和习惯传给了学生。

由于年龄相差不大，学而思的老师与学生走得很近。课上是师生，课下像朋友，常常一起聊天、吃饭，甚至互怼，学生对老师又喜欢又佩服。

北京徐女士的儿子，在学而思从小学四年级一直读到高三，孩子很喜欢这里，跟几位老师处得像哥们儿一样。让她印象很深的是，初三的数学老师思路活跃，每次讲题都会列出五六种解法，再从中选取最优的解法。孩子特别崇拜他，希望长大后成为像老师那样聪明的人。

毕业那天，那位老师告诉孩子：只有非常努力，才能毫不费力。孩子这才知道，原来每次2个小时的课，老师常常准备9个小时。为了找到一道题的最优解法，老师会泡在书店里翻阅七八本参考资料，进行归纳总结——给学生一杯水，你不止需要有一桶水，而是要能连接整个大海。

与这些优秀人才接触越久，张邦鑫越能感到他们给教育带来的能量。他们良好的习惯，坚强的意志品格，以及对社会、人生的感悟，终将影响学生，带给学生受益一生的能力。

渐渐地，张邦鑫生发出一种使命感，他希望吸引天下英才来做教育，"这些年，优秀大学生毕业后更多进入到会计、法律、投行、互联网等热门领域，其实教育行业更需要汇聚优秀人才——经济是社会发展的速度，教育是社会发展的加速度。"

为此，学而思很早就给优秀人才提供了优厚的待遇、充分的空间和平等的环境。每年，他们辗转到国内外知名高校吸引人才，向大学生讲教育理念，讲学而思的初心和使命。如今，越来越多的高阶人才加入进来，不仅有老师，也有技术和管理人才。

统一教研　讲好每一节课

2005 年夏天，张邦鑫在一个教学点检查时，遇到一个年轻人。年轻人直言，这里的老师还有不少提高空间。细谈之下，张邦鑫才知道他是冒充"家长"来旁听的家教老师。两人相谈甚欢，后来年轻人索性关掉自己的辅导班，一心一意加入学而思，那年秋季他带的班全部报满。这个年轻人的名字叫白云峰。至此，学而思四位创始人全部到位。

随着更多优秀人才的涌入，学而思成长迅猛。但新的问题接踵而至：由于每个老师讲课风格、讲义和进度不同，家长的体验很不一样，以致有的班挤不进去，有的班招不上来……张邦鑫行思坐想，发现如果教学不是基于标准化的个性化，不是保障质量的个性化，

学而思联合创始人白云峰

就成了伪个性化。他决定统一教研。

这是一个艰辛的起步。在那个名师当道的年代，几乎没有机构做教研，他们无从参考，人手也捉襟见肘。当时，张邦鑫还在北大生命科学学院读研，每天看论文、做实验，掌握了一套标准的研究方法和流程，统一教研时便借鉴了实验室的做法。

那时，他和刘亚超带着老师们摸索前行，每位老师负责一个年级的几章讲义，写完后统一发送给他们，两人审定汇总后，再送去印刷。每学期开课前，知音楼办公室就像快递分拣仓一样，堆满了大袋子，里面装着各年级的讲义。

刘亚超在为老师做内部分享

最早的黑白讲义，朴素得近乎简陋，但它承载了很多老师的心血。那段时间很多老师非常辛苦，周一到周五编讲义、备课，周五晚上和周六日继续上课。

关于教研和授课的风格，在学而思创立之初，发生过一次非常激烈的争执。当时，北大数学学院才女季云英在学而思兼职代课，学院派出身的她强调数学的学术性，认为数学授课应该严谨认真；但张邦鑫更注重趣味性，认为可以打破常规，这样孩子更容易理解。两人争论了两个多小时，僵持不下，季云英一气之下辞职了。

于是，张邦鑫继续按他的方式教下去，颇受学生欢迎。然而随

2007 年，学而思第一期教师培训，张邦鑫与老师们合影

着学生数量增多，他逐渐感到吃力，这才认识到专业性的重要，又好言好语地把季云英"请"了回来。后来，季云英做系统教研时也发觉趣味性的价值，"教学不是绝对的学术性或趣味性，而是二者的结合，既要考虑知识的传授，又要符合孩子的认知。"

显然，双方都认识到另一面的价值，学而思的教研就是在争论中不断迭代的。如今，季云英已经成为学而思教研中台的负责人。

随着学员规模越来越大，对教研也提出了更高的要求。2007 年，学而思正式成立教研部。彼时，学而思只有 60 个老师，他们把最优秀的 8 个老师从讲台上撤下来做标准化教研。从讲台上撤下来，起初这些顶尖名师难以接受，家长也闹意见，期间出现了一些波动。

但张邦鑫、白云峰等创始团队坚持让最优秀的老师后撤一步，将他们的教法和经验沉淀总结，形成标准化体系。统一教研之后，学而思一节课主体内容标准化，保证了扩张时的质量底线，同时也给老师留出了很大的自由发挥空间。

与其他培训机构的思维不一样的是：多数学校会突出自己有多少名师，多少 90 分以上的老师；而学而思要保障的是，最差的老师也不能低于 80 分，这样高分的老师会自己"生长"出来。

于是，学而思走出海淀，走出北京，走向了千千万万个孩子。

永远没有最好的教研

标准化教研耗时耗力，教研老师需要查阅大量资料，寻找每道题、每个知识点之间的关联，还要融入教育理念。一般教研部写出讲义以后，教学部和学科部会提出很多修改意见，一遍遍地打磨讲义。

在学而思，所有老师必须参加集体备课，大家对着讲义，听有经验的老师讲示范课，而讲课的老师则会受到来自四面八方的挑战，压力很大，但这个过程中不断有新东西冒出来。"在学而思，

科技与教育的结合，
给教学增加很多趣味性

所有人的讲义都不会让人满意，而且怎么改都不会满意，大家对教研永远有更高的要求，教研永远是流动的。"学而思高中数学老师赵铭雪说。

有意思的是，学而思的讲义推出后屡屡被一些机构抄袭，但抄袭的速度赶不上迭代的速度。这也是学而思应对变化的唯一招式——只有加速奔跑，才能领先半个身位。

十多年来，教育培训市场风云变幻，讲义早已从黑白变成了彩色，学而思的教研也发生了颠覆性变化，但今天的研发人员和从前一样，依旧眷恋深夜的满天星光。

第三章 第一拨家长

转眼间，学而思已经 17 岁了。17 岁，正值同学少年风华正茂的年纪，无论体格、心理还是大脑，都焕发着蓬勃的生命力。当年那个蜗居在知音楼破旧小屋中的小机构，已经成长为教育行业的巨头。

有人说，学而思的崛起靠开放课堂，靠随时退费，靠教研教学，靠科技驱动，靠执行力……这些都对，又不尽然。学而思第一批家长提供了一个视角：用心教好每个孩子，不带功利地付出。

如果没有第一个家长的主动张罗，学而思或许只是一个人的励志故事；如果没有第一批家长的口口相传，学而思或许只是小部分人的狂欢。第一批家长，撑起了学而思最初的梦想。

在那个学习改变命运的年代，家长关注最多的是孩子的升学考试。然而，多年后回忆与学而思的过往时，他们谈及更多的是学习本身带给孩子的改变——兴趣、自信、多元化视角、持续的上进心，成绩反倒是阶段性的追求。

也许，对第一批家长来说，学而思的经历只是人生中的一个片段。他们早已过了迷茫的年纪，他们的孩子已经长大成人。很多事情都会忘记，很多知识也会模糊，但是知音楼里的"光"不会忘记，相伴的岁月不会忘记。

对学而思来说，17 年间，教育市场风起云涌，万千学员进进出出。学而思经历过风生水起的欣喜，也遭遇过突如其来的暴击。悲欣交集中，那颗初心的种子渐渐生长为一棵枝叶繁茂的大树。当面对今天几十万、几百万的学员与家长，学而思能否像当年那样用心教好每一个孩子？

　　站在 17 岁的节点，我们回访了多位"第一批"家长。那些如歌的岁月，那些流淌在字里行间的朴素情感，牵引着我们回到了学而思出发的地方，也找寻到一条通往未来的路。

杜杨爸爸：
唤起孩子的想象力和自信心

当初给杜杨找家教时，我没想到自己会成为学而思第一个家长。算起来，与学而思的渊源已不止 17 年。

2002 年，杜杨上小学四年级，我和爱人工作特别忙，没有多少时间辅导孩子，便四处找家教。我们那代人很多是从农村考到部队，一路靠个人奋斗才跳出农门。我们自己跳出农门了，自然不想让孩子输在起跑线上，一心想给孩子最好的教育，所以当时很着急。

我们的想法很简单，一是帮孩子养成好习惯，二是跟随一位好老师，三是把语文学好。我认为，语文是一切知识的基础，学好语文，可以理解很多东西，很多问题会迎刃而解。

后来，我通过北沙滩小学的一位老师辗转找到张邦鑫，当年他正在北大读研究生，平和稳重，一身书卷气。我便让他给杜杨辅导语文。为了勾起孩子的兴趣，他讲了很多成语小故事。当时，我们家有个小书房，师生俩就在书房里上课，房间里不时传来孩子的笑声。

邦鑫走后，我常常看他留下的讲稿，果然文笔很深。他在 A4 纸上写下了一串串的成语接龙，从一个成语联系到另一个成语，一串一串地给杜杨讲。这让我印象特别深：这种触类旁通的能力，扩展了孩子的想象力，对杜杨的启发最大。

杜杨是天马行空的性格，从小喜欢幻想。生在军人家庭，我的风格说一不二，一直对他很严厉，他小时候可能不太容易跟我找到共鸣，跟邦鑫在一起会轻松很多。

杜杨至今记得邦鑫当年给他辅导作文的情景。一次，杜杨写宇宙星球的作文，邦鑫不停地问他飞船去哪里了，有没有遇见外星人，到了什么星球……引导他大胆地想下去。在邦鑫那里，杜杨的奇思妙想有了发挥空间，对日后帮助很大。现在他从事先进制造领域的投资，最重要的就是要有产业想象力，敢于为企业制定新战略。

辅导一段时间语文之后，邦鑫又给杜杨补数学。杜杨的数学基础不太扎实，性子也有些浮躁，有时一道题没做出来，便会气馁。邦鑫坚持启发式教学，先让杜杨在A4纸上演算，再引导他一步步找到答案，杜杨渐渐能坐住了，也喜欢上了做题。

邦鑫言语不多，但看问题很准，讲起杜杨的优缺点头头是道。他总是告诉我：杜杨没问题，一定可以学好。那时候，他跟杜杨聊得很多，把他的学习兴趣和信心都调动起来了。杜杨数学进步很快，在学校连续三次考了100分。我很高兴，给邦鑫介绍了很多同事的孩子，还帮他联系了一个礼堂用来集中上课。

　　我当时很想帮他，一方面是看到他对杜杨的辅导很有效果，内心充满感激；另一方面，邦鑫跟我境遇相似，都是辛苦打拼来到北京，尤其是他从农村考上北大硕博连读，很不容易。

　　十多年前，我们大院地处北京北四环，偏僻闭塞，大院的孩子外出补习很不方便。杜杨的进步很快传遍了整个大院，加上他是孩子头儿，号召力很强。我跟大家一推荐，家长们都很响应，很快来了20个孩子。追溯起来，那是学而思的第一批学生。

　　杜杨也在礼堂上过一阵子课，初中住校以后，就没再让邦鑫辅

小时候的杜杨和现在的杜杨

导了。坦白说，起初我比较犹豫是否让杜杨住校，担心他没人管，那就"放羊"了，但邦鑫认为他能行。果然，杜杨上初中之后学习很自觉，我慢慢对他完全放手了。

从那以后，我们跟邦鑫逐渐断了联系。后来听说他创办了学而思，做得很大。多年前，我们也聊过这个问题。我说我们这代人是从农村走出来的，很珍惜目前的生活，但是对孩子的教育是空白的，你们正好走进家庭，弥补了家长的遗憾。那时计划生育抓得很紧，刚好赶上独生子女的年代，每家一个孩子，家长愿意花很大力气来培养。邦鑫很有才，很好地抓住了这个时机。更重要的是，他是个责任心很强的人，坚持把一件事做深做透，做到了极致。你想，那么多人搞课外培训，为什么他做起来了，而且做这么大？

这些年，我们没有打扰过他，但一直默默关注着他和学而思。我向很多人推荐学而思，介绍了很多同事和朋友的孩子，其中有几个考上了北大，他们现在都特别尊重我，觉得给他们推荐了好老师。很多人也会找到我，告诉我学而思宣传册里有杜杨的名字，说他是学而思的第一个学生，我往往会心一笑，有时也会讲讲当年的故事。

杜杨大学毕业后，去美国攻读了研究生，两年前回到中国，现在在一家国有创投公司工作。让我欣慰的是，他仍然保持着学生时代的上进，总是不断给自己充电。

前不久，他跟邦鑫见了一面。看着两人的合影，我很感慨：杜杨已经长成大小伙儿了，邦鑫还和以前一样清瘦，眉宇间还是很谦和。杜杨说，邦鑫一点没有变，从前的很多事都记得，还给了他不少鼓励。

这些年，我常常拿邦鑫的经历激励杜杨，他曾经也是跟杜杨一样的年轻人，却认认真真地沿着一个方向一点点地做下去，把课外辅导做成了这样大的事业。这对杜杨其实是另一种教育。

唐安琪妈妈：
孩子在你的目光中成长

年华似水，17 年匆匆而逝。女儿安琪已经大学毕业，在学而思的时光早已远去，但那些记忆中的片段仍然历历在目。

2003 年，安琪上小学五年级，成绩一般，数学很弱。我属于比较佛系的妈妈，之前对她的学习关注不多，眼看要考初中了才重视起来。一次考试，我发现班上一个原本跟她成绩差不多的孩子，数学进步特别快。我一打听，才知道他在一家叫学而思的机构补习。我决定也让安琪冲刺一把。

那时，学而思在知音楼租了几间不大的教室，设施破旧。咨询之后，才知道报班还要考试，我的第一反应是机构主要为了挣钱，考试不过是个噱头，后来发现它确实会审核孩子成绩，入口把得很严。

安琪勉强通过了考试，上了杨付光老师六年级的数学班。但是她底子薄，起初跟不上，晚上趴在那里昏昏欲睡，我非常着急。杨老师建议她同步上一个五年级的班把基础补补，她这才慢慢追上来。

安琪上课时，我和其他家长一样坐在后面旁听。印象中，杨老师讲课特别细，对一个知识点像剥洋葱一样层层剖析。像我这样的年龄，又是纯文科出身，居然听懂了。一次，他讲裂项问题，这个在学生时代困扰我很久的问题，那天突然明白了。杨老师讲课很投入，常常下课铃声响起，仍意犹未尽，忍不住又讲上 10 分钟，一不小心 40 分钟过去了。小安琪不明白老师为什么总是拖堂，写下一篇作文——《老师的表慢了》。可惜时间久远，文章找不到了。

杨老师肯在孩子身上花时间，人也朴实热情，我们都很喜欢他。2008 年，他被派往天津当校长，班上的家长希望他继续教下去，他便周一到周五在天津，周末赶回北京上课，这样持续了好一阵子。虽然很辛苦，但他应该会很有成就感吧。

有一件事，让我至今难以忘怀。那时，我的女儿和外甥都在学而思学习，杨老师都教过他们。初中选学校时，我给安琪选了一所学风宽松的中学，杨老师觉得不适合她——安琪数学基础薄弱，适合在一个学风浓的学校把基础打牢。当时我没有采纳杨老师的建议，事后很后悔。

但他对我外甥的选择很满意。我外甥成绩很好，但缺乏自信，经常由于紧张，考试发挥不好。在学而思，杨老师总是鼓励他，有意把他分到层次更高的班级。考初中时，外甥没有去顶尖的中学（尽管成绩达标），他选择了一所中等偏上的中学。杨老师认为，这样的环境更适合外甥的发展，如果他去了高手如云的学校，很可能被打击掉。

杨老师对两个孩子看得很准，他是根据孩子的性格、水平来给他们匹配学校，是从孩子成长的角度出发，这一点很难得。后来，两个孩子都得到了不错的发展，尤其是我外甥，他在竞争不太激烈的环境下，一步步成长，变得越来越自信，大学考上了北理工的本硕博连读。

自信，也是安琪在学而思的最大收获。其实，安琪的数学基础一直偏弱。那几年，在杨付光、刘晓宇等老师的鼓励和帮助下，她

小时候的唐安琪和现在的唐安琪

的数学进步很大，成绩一次比一次好，但是从不拔尖。有意思的是，她从不觉得自己数学弱，也从不怕困难。这应该与她不断感受到进步有关。

当时，学而思的孩子来自北京各个重点学校，精英云集。安琪取得进步之后，在本校迅速跻身前列，但是跟学而思那些优秀的同伴在一起，她对自己有了更清晰的认识。她很早就明白"人外有人，天外有天"，没有变得盲目自信，否则一经打击，很可能一蹶不振。现在，她已经从华中科技大学毕业，自信的性格一点都没变。

我后来接触到很多学而思老师，发现他们大部分来自知名院校，往那儿一站，从内而外散发着自信。孩子在这样的环境中，与优秀的老师、同伴一起也会被那种气场感染。

其实，陪伴安琪在学而思学习7年，对我个人改变也挺大。我是一所全日制学校的语文老师，基本功还不错，但是很严肃，有时脾气很急。陪女儿在学而思上课以后，我发现这里的老师讲课很有趣，跟孩子互动得也很好。不知不觉，我对学生的态度也发生了很大的改变，现在依然严厉，但是没那么严肃了，与学生的距离也变得更近。

董明皓妈妈：
每个老师都在把明皓"推"走

董明皓在学而思7年，跟随过很多老师，留下了很多回忆。其中有一段经历很奇特：她从白云峰老师的班，被推荐到季云英老师的班，随后季老师又把她推荐到马江伟老师那里……每个老师都在把明皓"推"走，每个老师都带给她不同的东西。

15年前，明皓刚上小学五年级，为了备战小升初，我和很多家长一样四处搜集信息，在奥数网上找到很多东西。后来，听不少家长说奥数网的线下课程不错，便过来看看。

2005年一个冬日，我走进北航附近的知音楼，在一间简陋的教室里，一个年轻老师用凳子支起一块小黑板正在讲"蝴蝶定理"。

之前，明皓对"蝴蝶定理"一直没搞懂，那天感觉这个老师讲得很清楚。他讲完课，一屋子家长围过去请教学习问题和升学政策。他一一解答，不仅帮助家长分析政策形势，还给出一些方法指引。随后才知道，他就是张邦鑫老师。听完那节公开课，我便想把孩子送过来。

那时，奥数网根据家长的需求开设了一系列目标班，把适合的学生标准、知识体系、课程设置以及所达成的目标写得很清楚，尤其是很关注学习效果。这个宣传册很打动人，我们一大拨家长相互推荐，很快就报名了。

正式上课是第二年春天，我们报了白云峰老师六年级的班，这个班要求很高，通过测试才能进来。明皓是递补过来的，我害怕她跟不上，很焦虑。白老师分析了明皓的试卷之后，告诉我：她有一定的思维，只是基础不够扎实，训练一段时间就能跟上，我如释重负。很多时候，我们家长是盲目的，不知道孩子到底什么情况，能

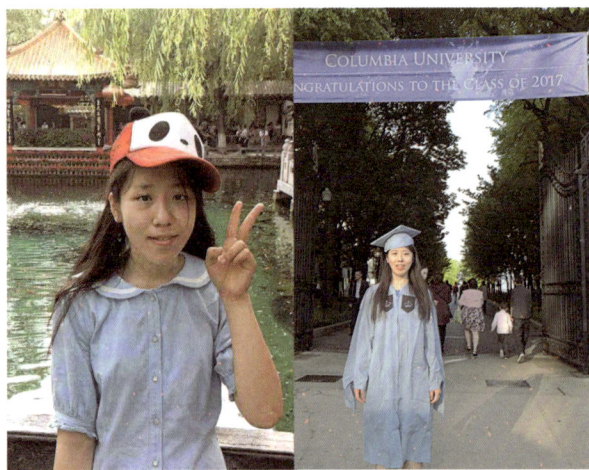

小时候的董明皓和现在的董明皓

学成什么样子，但老师见多识广，会给你很大的信心。

跟白老师学习两年，明皓进步飞快。白老师上课时会关注到每个孩子，他很敏锐，盯盯这个，看看那个，对孩子们的情况便了然于胸。

有时，孩子想出一点思路，他马上会夸奖他们："你想的比我还牛啊""这个很厉害呀"……受到鼓励的孩子们，很快爆发出他们的小宇宙。鼓励一圈之后，他也会压压他们："这个你见过吗？""还有一个更牛的办法"，从而引出更多思路。那个班一直很活跃，遇到难题，孩子们也不会被吓倒。

我们家长坐在后面，能够清楚地看到孩子的状态和变化，心里很踏实。课间，白老师常常主动跟我们交流。他经常说，不要让孩子上那么多班，要么哪科特别突出，你想给它拔尖；要么哪科特别弱，别让它拖后腿，其他科目跟着学校上课就够了。他很真诚，跟家长的关系很亲。

明皓上初三那年，白老师觉得她的水平已经超出了他所带的班，便推荐了季云英老师的班。在季老师班上，明皓第一次测试就考了第一名，季老师觉得她的课对明皓有点浅，又推荐了马江伟老师的班。

作为家长，我很感动的是，每个老师都在替孩子着想，当他（她）觉得孩子已经超越了自己班的水平，都不吝啬把她推荐到更合适的班上。把孩子放到合适的位置，往小处说，为孩子节省了时间，帮助她更有效地抵达目标；往大处说，是对孩子的一种尊重。

在马江伟老师班上，明皓也收获很多。马老师风趣灵动，每次上课前都会发散几句来调动气氛。他喜欢研究，每次课都会根据学生的掌握情况出一道题，让大家一起讨论解法。那时候，他喜欢在走道里转悠，观察学生的解法。他很机敏，总能快速从一个孩子的解法中发现他的思维特点，激发孩子思考。

这群十五六岁的少年，正是思想最活跃的时候。在马老师的"鼓动"下，他们争先恐后地比拼解法，课堂咋咋呼呼的。有时，一道题竟然多达十种解法。马老师评析一番，再从中选出两种最优解法。这段经历，让明皓学会了从不同的角度思考问题。

后来，我才知道马老师备课时准备特别多，会阅读大量参考资料，钻研不同的讲法。针对学生存在的问题，他还编了不同的小册子。

不论白老师、季老师，还是马老师，他们都不会只告诉你当下，而是根据初中或高中三年的目标，帮你规划一个更远的未来。回想起来，在那个信息不发达的时代，学而思给家长带来很多教育上的认知，某种程度上是引领着我们向前。

对明皓来说，她在学而思从小学六年级一直学到高中毕业，期间从来没有放松过，现在也保持着上进的姿态。除了一群优秀老师的鼓励，还与一群优秀的同伴有关。在优秀的群体里面，你会看到更多人的闪光点，会不断地自我攀登。

2012 年，明皓被保送到北京大学数学系，毕业后赴哥伦比亚大学读统计专业研究生，最近刚刚回国。她没有像其他同学那样选择投行、会计等领域，未来她想当一名中学老师。

中学时代，她就很喜欢老师和学生之间的交互，有时老师讲一个知识点，她就会想如果自己教的话，怎么才能启发学生，她觉得这个过程很有意思。

这些年陪伴明皓成长，我对教育的兴趣和理解也日渐加深。从她上小学时，我便每天关注奥数网的帖子，经常听各种线下讲座，渐渐明白了很多教育原理和实践方法，开始在论坛上发帖，逐渐成为一名资深版主。

明皓上大二那年，我加入了学而思，希望把自己对学习的认知分享给更多家长。从家长到教育从业者，离教育更近了。教育促使人不停地反思，让人变得更加理性，幸福感更强。

苑贝贝妈妈：
每个孩子都有被点亮的瞬间

贝贝从来不是成绩拔尖的孩子，但这并不妨碍她成为一名优秀的学生，一名优秀的员工。她的改变是一点一点发生的。

2002 年我研究生毕业，带着孩子从吉林来到北京。当时孩子上小学三年级，我没太重视她的学习，觉得跟着学校快乐成长就行了。她上五年级时，我突然发现小升初这么重要——如果不帮孩子择校的话，她可能会被分到一个比较糟糕的中学。

我一直认为初中是分水岭，孩子的价值观、行为习惯都是在这个阶段形成的。如果去了一个不合适的中学，对于进入叛逆期的孩子来说很麻烦，所以我一下子急了。

那时，我刚来北京，既没有经济基础也没有人脉基础，只能让孩子拼成绩，但孩子成绩也不拔尖。焦头烂额之际，一个同事推荐了学而思，说是一个北大的学生办的，口碑很好，我决定试试。

2005 年春天的一个下午，我在知音楼见到了张邦鑫老师，跟着他经过一个铁皮箱子和破沙发来到一间屋子，交流一番，很快就报名了。

　　起初，教贝贝的是北大数学系的一个高材生，水平很高，但孩子根本跟不上，我非常着急。这时，邦鑫老师建议贝贝暑期上一个全面的基础班，把以前的知识补补。一个学期补下来，孩子成绩有了大幅提升。

　　等到五年级下学期，我带着她到北京各个中学投简历。在那个信息闭塞的年代，想给孩子找一所适合的学校并不容易，因为很多信息不透明。

　　邦鑫老师给我推荐了 E 度论坛，上面经常会发布升学考试信息。那段时间，我天天泡在上面，获得了很多资讯，焦虑也得到了缓解。最后，有两所重点初中录取了贝贝，我们选了其中一所。

　　上初中之后，贝贝继续在学而思学习，白云峰是她的第一任数学老师。白老师上课幽默严谨，会照顾到每一个孩子。一次，贝贝在课上缠头发玩，很快白老师把她叫起来回答问题，她再也不敢开小差了。

　　后来，白老师管理工作多了，贝贝转到了刘开老师班上。刘老师特别有趣，说话慢条斯理，逻辑特别清晰。他经常拖堂，会给孩子"吃"很多很多，但家长和孩子都很喜欢他。

　　贝贝在学而思从小学五年级一直上到高三，期间她受到了系统的数学思维训练。虽然成绩一直不是特别拔尖，但她始终保持着对数学的兴趣，从来不觉得数学难。

她对数学的真正兴趣，缘自一个偶然。一次课上，刘开老师提问，举手的人特别少。以前很少举手的贝贝主动举手了，结果回答得很好，老师表扬了她。她一下子觉得自己特别行，突然发现原来数学这么有意思。之前她也喜欢数学，但和那次真正感受到数学的魅力不同。那次提问过后，她的状态完全不一样了。每个孩子都有被点亮的瞬间，那一刻她被点亮了。

其实，孩子被点亮是需要时机的，有的孩子可能好几年才能被点亮。学而思有个规定：每节课必须保证每个孩子都要被提问一次，这无形中给每个孩子制造了被点亮的机会。后来，我加入学而思才知道，它背后有一套方法论，通过教学流程的设计，把那种偶然出现的东西变成必然。

那时，老师讲一道题会鼓励孩子们从不同的角度思考不同的解法，从中寻找最优解，仿佛打开一扇门，让孩子们看到了更丰富的世界。

贝贝很小的时候，考虑问题的方式就跟其他孩子不太一样。一般孩子选初中或高中的学校，会选择同学或朋友多的地方。但她都是选择去一个能交更多朋友的学校。我不知道这是否与她在学而思受到的训练有关。

贝贝上高二时，我决定送她去国外读本科。那时只有 8 个月时间，她突击通过了托福和 SAT 考试。起初申请到加州大学的尔湾分

小时候的苑贝贝和现在的苑贝贝

校，她觉得不理想，大二又重新申请了伯克利分校，攻读数学和统计双学位，都顺利读下来了，现在投行高盛工作。

　　她虽然不是学霸，但是不妨碍她成为一个优秀的员工。她去高盛的前半年分在一个组，这个组原来晚上八点下班，她去了以后这个组六点就下班了。半年以后她被调到另一个组，那个组原来晚上八点下班，现在也六点下班了。学生时代训练的大跨度推演能力，让她在遇到复杂事情的时候，能够从中找到规律。

　　过去 15 年与学而思一起走过的日子，不仅对贝贝，也对我自己产生了很大影响。

2007年是我职业生涯的转折点，当时我面临多个工作选择，这时我爱人说，你为什么不考虑学而思呢？那时，我们每个星期带孩子上课，能清清楚楚地看到教室内外的变化，从一个作坊式补习班逐渐在向公司演变，一直在优化。

期间，邦鑫也约我聊过几次管理的事，他知道我在一家大型医药公司工作，遇到一些问题便找我讨论，他的谦逊好学让我印象深刻。我做人力资源出身，天天见人，我觉得一个虚心好学、善于思考的人，成长空间很大。当时刚好学而思正在招人力资源总监，我便降薪一半来到这里。

加入学而思之后，我变成了一个更优秀的家长。在教育孩子方面，以前我觉得"育"是我的事，"学"是学校和机构的事，两者是分开的。到学而思以后，有两件事改变了我的看法。

一个是写周报，它能让人养成定期学习与反思的习惯，也是与领导、同事交流的很好途径。在与老师的沟通中，我也借鉴了周报的思路。以前，跟老师沟通必须见面，后来我试着在孩子的作业中给老师留言，把我对孩子学习效果的反馈写上去，老师也给我回过来，互动得很好。

还有一个是述职。我以前在大公司，述职有固定模板。学而思述职不提倡模板，刚开始大家讲得五花八门，但是年轻人很快就显现出了他们强大的学习力。几次过后，大家的述职水平越来越高，工作能力也越来越强。没有模板的述职，逐渐成为一个"拉平效应"的机制。

这改变了我的思维惯性，也影响到孩子的教育。以前，我习惯于对孩子提要求，希望她如何如何。后来我逐渐采取启发、不设限的交流方式。遇到问题，我经常问她：你是怎么想的？你觉得怎么做更好？为什么？尊重孩子的同时，也呵护了她的想法和信心，她慢慢养成了自我决断的能力。

如今，很多事情已经模糊，但我依然记得学而思笔记本上的那句话：学习改变命运，思考成就未来。那是贝贝第一次上课时发的本子。现在看来，这句话一点也不时髦，但它恰恰是初心，是精髓。

第四章 第一个网校

在商业世界里，教育常常被视为不性感、不时尚、变化缓慢的物种。电商江湖的腥风血雨，房产市场的硝烟弥漫，出行大战的惊心动魄，都与它相去甚远。

直到 2013 年互联网教育的台风刮起来，一切才有所不同。当互联网以摧枯拉朽之势颠覆了各个传统行业之后，它也将触角伸向古老的教育行业。大量资本疯狂进入，上千家在线教育机构涌现出来，传统教育企业普遍染上了互联网焦虑症。

相比同行在剧烈变革面前的焦虑，张邦鑫感觉行业变革姗姗来迟。他是教育行业少有的对科技互联网如此热衷的人，早在十多年前，便开始在互联网教育道路上扑腾了。

外表清瘦的他为人亲和朴实，但骨子里是一个爱折腾、拥抱变化的人，对新的技术和趋势尤为敏感。一位创业失利的同行曾经告诉他，自己在互联网上砸了 7000 万。张邦鑫说，他已经砸了好几个 7000 万。学而思网校创立 12 年，长年高投入、重亏损，前后换过 6 任总经理，从光盘时代到录播，再到"直播 + 辅导"，几经迭代，屡败屡战。

不过，在几个关键拐点上，学而思网校都顺利完成了转型，甚至比行业快上半步。也许，机会从来都不是风口到来时的蜂拥而上，而是风未起时的长期蓄势。这样，在下一个技术浪潮来临时，才有可能冲破边界。

现在，学而思网校一改过去的低调和不温不火，开始高举高打，加速前行。或许，不久的将来它会迎来高光时刻，或许仍需继续等待。我们更想让外界看到的是，它孤独、挣扎又不断突破的前半生，这也是中国互联网教育曲折发展的一个缩影。

唤醒激情

让我们把目光聚焦到 20 年前，那时正值我国第一波互联网浪潮风起云涌之际——这股浪潮很快席卷大学校园，很多年轻人为之心潮澎湃。

正在四川大学读书的张邦鑫，第一次接触互联网，一下子被这个神奇的事物吸引了，他经常泡在网吧里聊天、上论坛、打游戏。他原本性格内向，与人交往不多，但互联网让他体会到一个全新的世界，唤醒了他内心的激情。他觉得，这是自己的主战场。

其实，他本身也是互联网的受益者。大三那年，他决定报考北京大学的研究生。在那个信息闭塞的年代，身处西南的他对遥远的北大一无所知。

一天，他检索到一个名叫"考研网"的论坛，在上面找到了往年的真题和很多过来人分享的经验，还可以在上面提问交流。在备考过程中，他从很多陌生人那里获得了帮助，他发现"这个东西真是太便利了"。机缘巧合的是，多年后他创办的好未来收购了考研网，继续把资料、经验分享给那些在迷雾中前行的人，这是另外一段故事了。

从那时起，张邦鑫就渴望做一个网站。2002 年，他考上北京大学研究生，第一件事就是买电脑，随后 3 天看完一本编程书，7 天开始写代码，不到 1 个月建立了个人站。那时候，他天天捣鼓电脑，还通过录屏软件 Camtasia Studio 录了第一款线上课程，竟然卖出几十个账号。那时候没有移动支付，学员都是跑到邮局电汇学费。

为了追求经济独立，他还在校外做了几份兼职，其中一份是家教。凭着过硬的教学质量和口碑，他的家教事业逐渐发展壮大，学生越来越多，眼看就教不过来了。于是他想了两个办法：一个是招更多的老师开更多的班；另一个是通过网校教更多的学生。但当时人们对在线教育的接受度很低，线下班又增长太快，他只好关掉了网校。

2003 年"非典"来袭，很多行业都受到了冲击，张邦鑫也不得不停掉初具规模的辅导班，鼓捣了一个网站——奥数网，为那些封

早期家长更多通过 E 度论坛获取学习信息和咨询服务

闭中的学生和家长提供学习资讯和答疑服务。他也随之成为国内很早的个人站站长之一。

那段时间，他一个人包揽了代码编写、产品运营、服务器维护、内容编排、版本更新等所有工作，天天像打了鸡血一样，玩得很开心。

奥数网每天有数百 DAU（日活跃用户数量），有人在上面留言，有人跟贴回复，有人上传资料……通过互联网，他认识了很多人，也帮助了很多人，感到一种莫大的成就感。一次，他在北大论坛上发布网站链接，不少学生自愿在上面回答问题，其中有些人成为了学而思的第一批老师。

奥数网的用户来自全国各地，有大城市也有中小城市，用户的收入有高有低，但是他们可以获得同样的资源。张邦鑫第一次意识到，互联网是一个可以促进教育公平的工具，也是从那时起，他开始坚信不移地相信：互联网可以改变教育。

"非典"过后，他和同学曹允东创立了学而思线下班，第一拨学生中有近一半来自奥数网导流，这进一步激发了他对互联网的兴趣。当时奥数网上每天的留言多达五六千条，很多家长在上面了解相关情况后，会跑到线下教学点咨询，从而转化成客户，无意中形成一种天然的O2O。

喜欢收集域名的张邦鑫，随后又买了中考网、高考网、作文网等一系列域名，它们跟奥数网一起，被整合成面向家长群体的E度论坛（2014年更名为家长帮）。在学而思早期开疆拓土的过程中，E度功不可没。

起初三年，张邦鑫一边忙辅导班，一边捣腾网站，直到2006年才招了第一个网编，又过了一年之后才招了第一个技术人员。E度的流量源源不断，逐渐成为国内较具规模的家长社区。然而，庞大的流量难以变现，E度创立15年，亏损14年，最多时一年亏损几千万元，期间换了数任总经理。但是，它是学而思互联网教育的起点。

光盘时代

早些年，学而思的师资力量、教学场地无法匹配迅速发展的线下业务，经常出现"报不上名"的情况，大量有迫切需求的学生无法顺利入读，张邦鑫感觉他们为线下所累，服务不了大众客户，一心想把网校做起来，"只有借助互联网的杠杆，才能实现课程的高品质复制，从而服务更多的人"。

他很早就有做网校的想法，但是一直没有找到合适的团队。那时，正是线下培训机构的春天，除了少数成人教育网校和依托于公立学校的网校，很少有人关注在线教育。

直到2008年，张邦鑫遇到具有教育和互联网背景的杨志伟，事情才有了转机。杨志伟做过网校，希望用高清视频做录播，把课程输送给更多学生，这正是张邦鑫一直想做的事，两人一拍即合。

当年4月，学而思成立信息事业部，杨志伟成为负责人。那时做网校，动辄投资几千万、上亿，行业流行卖光盘，杨志伟也选择从光盘切入。

按照他的设想，光盘是网校最小的专题单元，以课程为中心，逐一把产品、课程、师资和运营体系完善起来，届时再做网校就简

当年的学而思光盘

单多了。他的另一层考虑是养活团队，"几十人、上百人的团队，一两年没有收入是无法接受的"。

前两年，杨志伟团队主要靠卖光盘维持运转，依托学而思线下服务中心等渠道销售，但是销量不好，无论是团队的售卖能力，还是产品本身都遇到了很大的挑战。

那时土豆、优酷等视频网站已经崛起，101 网校、北大附中等公办学校的网校也起来了，集团希望抓住视频网站爆红的时机，迅速把学而思网校"跑"出来。但杨志伟坚持"曲线救国"，张邦鑫希望"单刀直入"，两人多次讨论，最终也没能达成共识。直到 2010 年 1

学而思网校不同时期的 Logo

月，学而思网校才正式上线，不久后杨志伟离开了。

回想起来，张邦鑫至今仍心存惋惜：如果当初直接做网校，也许就是另一番光景了。

值得肯定的是，光盘时代，杨志伟和团队共同探索出来的高清视频技术，成为行业中的一个重大突破，也为学而思网校奠定了一个底层基础。

彼时，业内线上课程主要采取三分屏形式，老师在一个小框里讲课，一部分是板书，一部分是目录。高清视频将课程形式从三分屏变成一分屏，老师在屏幕前成为课程的主角，这给老师提供了很大的发挥空间。

录播初探

杨志伟离开后，学而思联合创始人刘亚超接管学而思网校。当时，整个在线教育尤其是中小学在线教育，都处于一个很迷茫的状态。除了101网校、北京四中网校、新东方在线、中华会计网等几家比较大的网站，没有多少可以参考的对象。学而思网校要做成什么样子？课程该怎么录制？大家都不清楚，一切都是摸着石头过河。

他们从线下选了一批年轻有激情的老师过来录课，他们做动画片、讲笑话，想了很多招，却总是找不到线上课堂的 high 点。那段时间，刘亚超每天晚上带着老师们在录播室"磨"课，一录就是几个小时，一连待了半个月，但是没有什么突破。

直到一天晚上，一个老师没有赶上公交车，从教学点下课后一路跑到录播室。那一讲的内容恰好是间隔发车，他就从自身经历引入，讲他赶公交车迟到了，等下一辆车从什么方向来，什么时候相遇……讲得非常精彩，老师自己也特别兴奋。引入之后又具体讲解，然后举例，整个过程浑然天成。

"我们一下子找到感觉了，这就是我们想要的在线课堂。"学而

学而思网校学员在家中上课

思网校现任副总经理冯磊回忆，大家发现，原来在镜头前不一定非要讲笑话，也不一定非得哗众取宠做好多动画，关键是引入恰当，把课讲透，掌握好课堂节奏，跟学生保持互动。

从那以后，学而思网校确定了一节课的两个方向：一个是课程结构，包括引入、讲解和总结；另一个是节奏和对话感：为什么屏幕前的人不能体会到你的东西？因为你没有跟他产生共鸣。为了保证对话感，他们专门安排一个人在下面跟老师对话，帮他找节奏。后来，刘亚超让大家根据这两个方向来设计网校的教案和课件。网校的录播时代由此开启。

这件事突破之后，整个进程顺利很多，网校也实现了较快的增长，但是仍然达不到张邦鑫的预期。2010 年年底，他做出一个令网校伙伴很难接受的决定：降价。

当时，网校录制一节课，往往需要一个老师来回练上几十遍。不仅如此，背后还有课件制作、视频剪辑、网站设计等一个团队的付出，所费功夫远超线下。所以，起初网校的课程价格与线下班差不多。

"不能只看我们付出多少，重要的是它的边际成本在递减。线下老师讲一节课，一次只有二三十个学生，但是网校一节课，可以覆盖成百上千的学生。"张邦鑫认为，如果没有触达那么多人，是产品本身的问题。当年，网校的课程价格降到了 1700 元 / 学期，不到线下的二分之一，2011 年降到 700 元 / 学期。

"降价对团队冲击挺大，我们开始意识到网校本身是一个具有互联网属性的产品，既有跟线下类似的地方，又不完全相同。"冯磊认为，很多现在一目了然的东西，在早期不一定想得通，当时不理解，主要是没有实现量产。

那时，线下一个学生一门课一年将近一万块钱，大概带来两三千的利润；网校一个学生只需一千多块钱，亏损三四百块钱。有一年网校亏损达到几百万美元，对早期的学而思来说数额不小。

尽管刘亚超接手网校之后，已经将传统的由各地代理商代卖学习点卡的模式，变成了以学而思网校名义直接售卖的直销模式，但取得的毛利率提升仍不足以覆盖亏损。于是，张邦鑫和刘亚超坚持在每个线下教室张贴网校的招生简章，在教学点前台放上网校的广告，还动员学而思的老师，让他们鼓励学生上网校。

按照张邦鑫的构想，学而思的线下业务是小而美的，大量学生将通过线上教育覆盖，他相信互联网教育代表未来。然而这种信念在诞生之初，收获的却是一次次挫折和打击，直到现在，梦想才开始照进现实。

曲折前行

录播时代，人们对在线教育的接纳程度不高，课程卖得并不顺利。

学而思网校尝试了很多获客方式，比如招生时采取互联网化的倒计时打法、在百度投放广告，但转化率均一般。因此，获客一直是这一阶段学而思网校最大的压力。

那时亦是电商的黄金时代，中国电子商务研究中心发布的报告显示，2010 年中国电子商务市场交易额已达 4.5 万亿，其中网上零售市场交易规模达到 5131 亿元。

身处时代的洪流之中，学而思网校的思维也不可避免地打上了时代的烙印。他们借鉴过电商模式，借鉴对象包括淘宝、京东、凡客等势头正猛的企业，去学着怎么做流量、如何做促销。在学习过程中，他们发现学而思网校更像一个品牌，而不是一个平台。关于平台和品牌，内部有过争论，但没有持续很久。有一个原则倒是在争辩中更加明朗起来：无论做什么教育产品，都要注重品质，由此逐渐确定了网校的品牌化之路。在这个过程中，他们也在思考网校的核心竞争力是什么，经过激烈的讨论，最终达成共识：好的老师、教研和服务。

2010 年 11 月，刘亚超离开网校，随后李睿短暂负责了一段时间。在他的主导下，网校进一步加强了录播课质量。那段时间，他说服网校老师一起研究录制中的细节，包括眼睛往哪儿看、语言的抑扬顿挫怎么处理等。此外，网校还建立了数据运营平台，把所有运营数据放在后台便于分析对照，这也是后来数据分析平台的最初版本。与此同时，网校还成立了学而思体系内第一个市场部。总之，那段时间沉淀了很多不错的做法。

然而，尽管他们动了很多脑筋，也花了不少功夫，但是报课人数和续报率仍旧不理想。

当时，学而思的投资方老虎基金请了一家咨询公司，去韩国调研大型在线教育机构 Megastudy 的模式，做了一份很厚的报告。张邦鑫带着网校伙伴集体学习，决定把 Megastudy 的明星教师模式搬到网校，这意味着学而思网校走上了一条不一样的路。

但是要想把这种模式落地，并非仅仅打造明星教师那么简单，它还涉及到绩效管理、薪酬机制等一系列组织变革。直到两年后，教师收入从固定工资为主变成"底薪＋提成"的动态收入机制，明星教师模式才真正出现。

在一片前景不明的摸索中，学而思网校突然迎来了一波虚假繁荣。这次虚假繁荣，是学而思集团上市之后大举扩张的连带产物。当时，网校紧跟集团的脚步，迅速扩年级扩学科，从小学扩到初高中，从数学扩到理科。品类扩充带来营收的迅猛增长，2011 年 5 月，网校成功实现了日均 1000 单，这对当时的电商平台来说，也是很不错的业绩。网校全年营收也从 1000 万激增到 3000 万，很多人第一次感到了互联网的增速。与此同时，学而思网校开始疯狂招人，员工一下子从一百来人扩充到几百人。正当大家满怀期待地憧憬未来时，第二年学而思网校业务陡转直下。

事实上，当年学而思网校营收飙升，主要在于产品线从几条变成了几十条。而日均 1000 单则是促销带来的，后来学而思网校花费了好几年也没有真正实现日均 1000 单。

那时为了促销，学而思网校采取货到付款的形式，导致后续花费大量精力来处理货到付款。那段时期，学而思网校还制作了礼品卡，团队花了很多精力把礼品卡设计得非常精美，讨论礼品卡的色调和价位，然后让市场部去生产售卖。

李睿亲历了这个过程，"当时大家过于乐观，现在想想，你的产品做得不好，谁会买你的礼品卡？"他事后反思说。在大跃进浪潮中，他离开了学而思网校。

而到底靠口碑驱动还是靠互联网投放？到底需不需要做营销？这些是学而思网校内部反复争论的问题。在张邦鑫看来，当客户的满意度不够，产品健康度没有达到要求时，是不能过度营销的。所以，很长一段时间，学而思网校在营销上的尺度很小，总是畏手畏脚。现在网校开始大力度做营销，是由于它的健康度达到了。

不过，学而思网校市场部的探索，形成了一套相对完善的营销系统，这为其日后构建"微笑曲线"的另一端"营销"打下了基础。

初衷不改

2011-2012 年，是张邦鑫关注学而思网校最多的时期。他发现网校增长遇到了很大的问题，于是在李睿离开后亲自接管了网校，带着大家继续扑腾。

互联网风口来临，又一次点燃了他的激情，他兴奋地告诉身边伙伴："你们好好做线下，我去做互联网教育了，我在那边等你们。"随即转身跳进了这片新的"水源"中。

互联网江湖闯荡不易，人才尤其难得。张邦鑫花了很多精力去寻找优秀的互联网人才，一度把土豆网 CTO 挖到学而思网校做技术负责人，这在当时的教育行业十分少见。但是，那位来自土豆网的 CTO 对在线教育不是很"来电"，不久便离开了。

张邦鑫认为，网校的一个核心痛点是没有真正招到互联网 A 类人才。一来他当时没有全身心地去招人，二来时机也不成熟——那时候互联网人才看教育跟看农业的感觉差不多。

那个时期，线下教育机构正处在"跑马圈地"阶段，很少有人做互联网探索，中小学领域更是如此。张邦鑫常常感到孤独，"网校的痛苦，是长期的痛苦，它没有那么强的紧迫感，但是这种长期痛苦会让你总是跟自己较劲。"

他做网校的节奏一直比别人快。有时候，他觉得别人跟不上他的思路，但是他也不确定一定是自己对了、别人错了，总之很累心。"做培优时，我自己是从 0 到 1 一点点地摸索。做网校时，我没有那么多时间从 0 到 1，那时候有项目负责人，我始终是隔靴搔痒，比较艰难。"

即便在兼任网校总经理时期，他也没有太多时间沉下心来打磨产品。那时候，线下业务增长太快，很多事情他必须处理，对于网校他常常心有余而力不足。

一天，一位网校伙伴半开玩笑地告诉他："你在网校花的时间不多，也很少跟我们讨论，别耽误我们前途了，自觉退下来吧。"他有些失落，但确实精力不够，不久便退出了管理，由刘亚超接管网校。

当然，他没有如愿与大家会师。有一次，他参加一位集团高管孩子的生日宴。宴会上，一众高管推杯换盏，把酒言欢。待到宴会结束，大家围坐一圈，开始历数网校存在的问题。张邦鑫这才意识到，原来这是一场"鸿门宴"。

那天，高管们纷纷批评他对互联网教育过于乐观，投入了很多资源，却没有达到想要的效果。有人问他："你不是说在互联网等我们吗？在哪里呢？"他坐在一旁，沉默不语。折腾一圈不见起色，他感到挫败，那天回去以后发了一个星期的烧。

但他依然相信互联网教育的未来，相信线上教育一定会有大的发展。虽然离开一线，他对网校的热情丝毫未减。无论向前冲锋，还是面对亏损，他都更加激进。

网校早期团队一半以上来自线下，大部分是教学出身，他们很难接受网校长期亏损的事实。那时，学而思线下已经达到几十亿营收，一个分校的收入都比网校高。学而思内部对网校的质疑此起彼伏，甚至有人提出关闭网校。

有段时间，张邦鑫很低落。很多人不理解他为什么坚持对常年亏损的网校长期投入，他有自己的坚持，"网校这些年的亏损属于'战略亏损'，需要前期投入团队、摸索产品，当体量上来之后，自然会盈利。"他必须要为未来布局。

站在竞争的角度，他还有另一层担心：如果学而思不做在线教育，在线教育机构将来一定会布局线下，那时学而思将难以抵挡。两年后，当互联网教育的台风再次刮起时，学而思网校的"空军"部队乘风而起，开始释放出积蓄已久的力量，与"陆军"部队并肩作战。

风将起时

2012 年，刘亚超第二次来到学而思网校。相比两年前，这次他介入得更深。

彼时，经历过"大跃进"的学而思网校，问题重重。刘亚超刚一上任，便裁掉了很多人，停止了很多激进的推广方式。他主要在做"收"的工作，裁员、调组织、调绩效、改网站……针对当时人效低的问题，他把老师的收入从固定工资为主变成"底薪＋提成"，打破了大锅饭的收入模式。两年后他离开网校时，好几位明星教师的年收入已过百万。

相比张邦鑫的激进，刘亚超更偏稳健。张邦鑫负责网校期间，增长迅猛，亏损也很厉害。刘亚超后来做到了小幅盈利，但增长一般。

"我会往回收，邦鑫会往前冲，他总是想更快一点。这个过程需要来回调整，大家都希望推着网校往前走。"刘亚超如是说。

过去很长时间，学而思网校处于踽踽独行的状态，刘亚超也会感到孤独，但他认为是"有希望的孤独"，"这种希望来自于我们确实在往前走，业务一直在增长，而且预感它将来会很大。大家

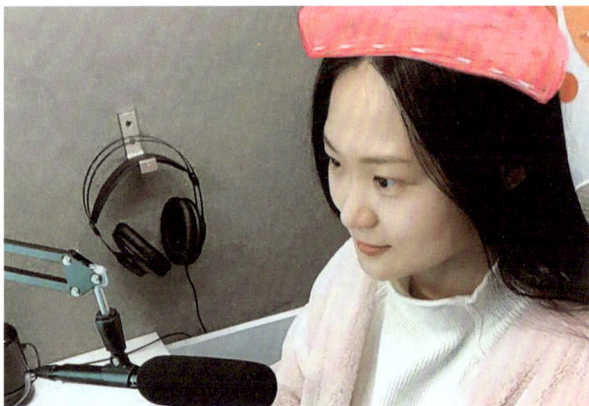

学而思网校老师正在上直播课

努力改产品，改定价，改营销方式，改各种东西，一直在逼近正确答案。这种孤独其实来自于你完全找到正确答案之前，总觉得哪里不对。"

有时候，刘亚超也会想这个市场上为什么没有特别厉害的竞争对手？是价格太贵了还是产品本身不对？为什么续报率只有 30%？

这个问题也一直困扰着张邦鑫。他很疑惑：网校老师讲得那么好，为什么课程卖不出去？完课率为什么那么低？

作为一个典型学霸，他可以坐在电脑前连续观看几个小时视频，不觉疲倦。几年后他才意识到，学霸只是少数，大部分学生需要不断被鼓励才能学下去。这多少影响了网校从录播转直播的进度。

2012 年，直播特别火。有人建议张邦鑫做直播，他不敢。在他看来，录播可以给无限的人看，直播只能给有限的人看，后来，他才意识到这是学霸的认知误区。另一方面，他认为好老师数量有限，录播能挑最好的老师，辐射到很大的范围，直播找不到那么多好老师。

但是汹涌而来的直播浪潮，让他决定放手一试。他们试点了一个小班直播课，运转一年多发现，直播课上老师与学生互动频繁，学生的学习热情显著提高，但是好老师的杠杆价值太有限，导致教学质量参差不齐。

如何既保证师生之间的情感连接，又能放大好老师的杠杆价值呢？琢磨再三，张邦鑫想到一个办法：有没有可能把老师的角色进行拆分？后来他们探索出了"直播＋辅导"的双师模式。

想明白这个逻辑之后，张邦鑫决定转战直播。他建议网校做小班直播，网校没有采纳。那时，网校已经有几万名付费学员，改直播风险很大。他们也在做直播技术，但是直播处于辅助角色。

张邦鑫心意已决，决定开放试错，采取赛马机制，同时在学而思网校的体系之外上线了海边直播、外教一对一直播和考研直播，最后海边首创的"直播＋辅导"模式杀出重围，保证名师授课的同时，加强了对在线学生的关注度，突破了在线教育的瓶颈，对行业也产生巨大影响。

海边的突破，迫使学而思网校后来"壮士断腕"，全面转型直播。一场激动人心的内部角逐即将开始。

在此之前，张邦鑫做出了一个令人意外的决定。他把刘亚超从学而思网校总经理的位置上换下来，让来自百度 T9 级的工程师陈宁昱做网校总经理。这遭到了内部的反对，但是他仍然顶着风险和压力执行了这个决定。

"亚超很给力，在网校两次发展不顺利的时候，他两次来到网校，把团队稳定住，把业绩从亏损调到盈利，也把教学运营打磨得很好。他管的时候虽然赚钱，但是增长不行。我们究竟要做一个赚钱的、增长慢的公司，还是做一个也许不那么赚钱但是很有价值的公司？我想，在一个行业快要井喷的时候，亚超的风格可能不太适合，甚至整个好未来都没有人有这样的基因。"张邦鑫说。他需要找到一个能够通过技术驱动让网校快速奔跑起来的人。

2014 年年底，他见到陈宁昱时，陈没有产品经验，也不太懂教育。但他在交流中发现陈很聪明，也很想干事，况且网校当时也缺技术型 Leader，就决定让他试一试。事后看来，这个冒险的决定是对的。

4 年后，回想起那次人事变动，刘亚超坦言，从录播转直播是一个战略级的革命。每一个跨代产品更新都是革命性的，对组织的调整巨大，而要把自己建立起来的组织推翻需要很大的决心，"从光盘转网校，第一任总经理不是很利索；从录播转直播，我也不是很利索。心态上的革命是很难的，这时更换总经理很重要，因为新人对过去没有心理包袱。"其实，刘亚超当时看到了直播趋势，也有人提醒他做直播，他做了直播技术，但是没有把直播课迅速推出来，只是让直播做了辅助。

在陈宁昱看来，很多公司经过一个模式，很难到第二个模式，学而思网校从光盘到录播再到直播，需要跨过不同的阶段。"邦鑫愿意换一个人来做，我觉得他是有长远思考的。亚超很好地接受了，说明他很有胸怀。"陈宁昱说。

壮士断腕

从录播转直播，是学而思网校创立以来最惊险的一次变革。在冯磊看来，与其说看到了海边模式，不如说原有模式已经"痛得不行了"。

录播时代，明星教师是一种颇受欢迎的模式。随着时代的推移，它的弊端逐渐显露了出来。互联网把明星教师边界无限放大，但真正能触达的学生很少。

最大的痛点来自分配机制，很多老师刚来时很兴奋，梦想成为百万名师，后来发现很渺茫就离开了。"只有极少数明星教师站在荣耀和财富的顶端，但背后其实是整个团队的付出，由此带来了各种矛盾和内耗。这为新教师的进入和团队稳定带来巨大压力。"冯磊发现，曾经引以为豪的东西，都变成了坑。

陈宁昱更早感知到这种痛。他刚来网校时，反复问冯磊一个问题：如果收入绝大部分都给明星教师了，其他团队怎么带？全职团队怎么办？

随着海边"直播＋辅导"模式浮出水面，它的良好体验和高续报率让网校看到了希望，他们决定转战直播。在研究了柯达、瑞星等很多失败案例之后，他们只有一个念头：你不给自己一刀，就得被别人捅。

转型箭在弦上，但是全面转直播一步到位，还是双线并行迂回前进，起初陈宁昱和冯磊有些迟疑，毕竟录播一年营收接近一个亿，这对当时的网校是一笔挺大的收入。陈宁昱考虑按互联网的打法——小步迭代，快速验证，但在与网校理科负责人张杰的讨论中改变了主意。他意识到网校转型的核心不是产品，而是人，产品可以高速迭代，但人不能让他早上这样做，晚上那样做。

"要么全力做，要么别做，大家都在等着看，如果直播录播并行，直播费用更高，录播学员为什么一定尝试直播？"张杰态度鲜明。陈宁昱明白，如果直播做不起来，录播也很难活下来，因为用户受不了二次伤害。但他愿意赌一把。

在决策出炉的过程中，张邦鑫态度很坚决，其实从一开始他就建议网校全面转直播。当时，美团与大众点评合并不久，张邦鑫给陈宁昱举了这个例子："美团和点评合并，是美团合点评，不是点评合美团。美团核心解决了变现的事，但是点评又想做信息，又想做变现。只做一件事才会把它做到极致。"陈宁昱决定，一个亿的收入不要了，彻底转型。

转型直播，意味着老师的提成机制变成课时费制。按课时费计算，老师的收入将被拦腰砍断甚至更多，而且原来收入越高，"砍"

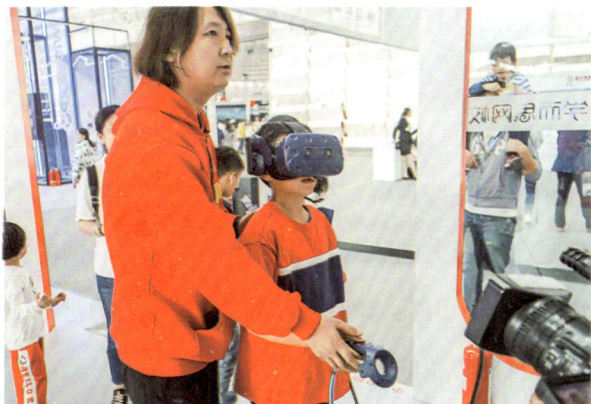

学员在体验学而思网校的 VR 技术

得越多，因此明星教师们对转型直播非常抗拒。

2016 年寒假前，陈宁昱、冯磊和张杰与网校近十位明星教师接连谈了一个星期。那些日子，陈宁昱天天失眠，第二天还得继续跟老师谈。"这个过程中，我们让老师把所有不满和委屈都宣泄出来，同时也把网校的困难和方向跟他们讲清楚，尽可能争取老师们的理解。当时我们采用了很固执的方式，每位老师一旦开始谈，无论过程多激烈，我们都坚持谈到有结果为止。"冯磊回忆，三人推演了很多次可能遇到的问题，但是现实情况仍然超乎想象。

"走到今天（大家）都付出特别多，让他们忽然放弃那么多很不容易，有的老师真的被伤着了。他们本身没有问题，只不过我们希望他们理解，企业不能再这样下去了。"一个星期的持续战过后，最终谈下来了，这些老师当时没有一个离职。

事后回想起来，那个星期着实凶险，万一谈失败了，明星老师都走了，后果难以想象。

作为网校最有名的明星教师，朱韬第一个签字，其他几位明星老师也跟着签了。那时，他对网校有个判断：如果我们不做这种转变，万一有一天网校垮了，你之前所获得的东西都会消失，因为平台没有了。只有保证平台的健康发展，才可能有自己的持续发展。当然也有感情因素，"这些年，网校给了我很多，也成就我很多，我其实非常知足。从个人感情角度，我希望它变得更好。人有时候不要太贪婪。"

转型之后，学而思网校背水一战，与海边展开了异常激烈的角逐。它没有完全照搬海边的模式，而是在技术迭代速度、人效提升、辅导老师考核制度上做了很多改进，加上学而思的品牌背书，最终胜出，扛起了"直播＋辅导"的双师大旗。海边并入了学而思培优，以学而思在线的形式继续发展。

后面的故事如你所见，学而思网校已经奔跑起来了。无论是技术的快速革新，业绩的迅猛增长，还是营销的高歌猛进，资源的多方整合，学而思网校开始释放出积蓄多时的势能。

学而思网校干部沙漠徒步，未来还有很长的路要走

　　然而，在风云变幻的世界，危险向来来自看不见的地方，风暴往往只是一瞬间。学而思网校只有时刻拥抱变化，跟上新技术的步伐，不断满足客户变化着的需求，才有可能在下一个技术浪潮来临时站上浪潮之巅。

第五章 **第一批员工**

隔开遥远的时空，追寻学而思第一批员工的足迹，是一件充满挑战的事情。

没有预想中的豪言壮语，也没有多少跌宕起伏，故事的开始再寻常不过。一群二十来岁的大学生，从四面八方来到学而思，一步步奋斗打拼，就像千千万万的你我一样。当我们试图走近他们内心，勾勒他们的人生流变时，会感受到一种平和、坚韧、引人向上的力量扑面而来，它们构成了学而思的底色。

这家创立于 2003 年的机构，诞生之际正值民办教育从小到大、迈向大发展大跨越的阶段，也是教育培训业竞争最激烈的时候，很多人开始涌向这个领域。

那时，杨付光和王伟一边在学而思做教务，一边偷师学艺；季云英还在北大念大四，课外在学而思做兼职；张超月是公立学校老师，靠在学而思讲课贴补家用；李睿在清华读研究生，周末来学而思代课；刘开和马江伟已经在其他机构打出名气，也相继加入进来……

17 年来，他们平均以每半年或一年换岗的速度，不断变换赛道，一次又一次跳出舒适区，突破了自我，也促进了学而思的成长。其中有过欢乐，亦有过失落，有过成功，亦有过失败，如今回望仍然炫目。

现在，杨付光在思考如何重新定义学而思，刘开在推动学而思运营与产研分离，王伟在研究怎么做好智慧教育，季云英做了一个富含海量信息的教研云，张超月在琢磨与万千中小机构一起成长，李睿在探索用大数据改变学习测评体系，马江伟跑到美国开拓市场了……这些年，他们塑造着学而思，也被学而思塑造着。

而他们背后是大时代的更替：教育培训业走过风云激荡的17年，中国经济社会经历着高速发展与变革，互联网、大数据、人工智能浪潮迭起……幸运的是，他们和学而思都追赶上了这个时代，还在继续追赶。

作为学而思第一批员工，他们已经年近不惑，不少人也实现了财务自由，但是他们仍然保持攀登的姿势，拼尽全力的奋战在一线，精神饱满的拥抱变化和不确定的未来。一代人终将老去，老兵永远年轻。

季云英：每年都在升级打怪

生活就像一盒巧克力，你永远不知道下一颗是什么。

季云英也许不会想到，16 年前那次偶然兼职，会让自己与当时尚在襁褓之中的学而思结下不解之缘，并一起走过了漫长岁月。期间，她有过一次有名的出走，随后被追回来。

从教学到教研再到研发平台，一路走来像是升级打怪，每过一关，后面还有更难的关。有时，她感觉过不去了，最后还是过去了。也许，这就是成长。

"两次"出走

季云英是最早加入学而思的老师之一。2004 年，她在北大数学系念大四时，便过来兼职代课了。

起初，她在北京健翔桥教学点上课，教室环境破旧简陋，但大家之间的关系纯粹而美好。那时，她常常踩着点到教室。每次过来，张邦鑫已经在那里了，他会提前把黑板擦干净，把桌椅摆放好。渐渐的，她也养成了早到的习惯。

但是一段时间过后，季云英与张邦鑫在授课风格上产生了分歧。张邦鑫讲课活泼有趣，不时穿插故事和笑话，逗得学生捧腹大笑。但在季云英看来，数学是严谨专业的学科，嘻嘻哈哈的课堂怎么能教好学生？两人就专业性与趣味性的问题，争执了很久，谁也没有说服谁，季云英一气之下离开了学而思。

半年后的一天，她在江苏老家度假时收到了张邦鑫的邮件，邀请她回来。她很意外，想了想很快回来了——她割舍不下那里的老师和学生。这次她从此前就职的公立学校离开，全职加入了学而思。后来，季云英和张邦鑫都认识到另一面的价值：教学不是绝对的学术性或趣味性，而是二者的结合。

这不是季云英唯一一次出走。在学而思多年，张邦鑫不断对教学教研提出各种要求，季云英常常感觉达不到那么高的标准，非常自卑。2009 年，张邦鑫提出要做小学"十二级体系"，把小学数学课做一个整体规划，告诉家长每个阶段应该让孩子准备什么。这是站在客户角度提出的一个诉求，但当时季云英并没有 get 到那个点，她尝试了很多办法，却始终找不到节奏，似乎怎么做都不对。于是，倍感压力的季云英不想再做教研了，结果又一次被张邦鑫留住。

后来，这位温和严厉的师长，仍然会不断抛出各种问题，她有时觉得真的干不了，结果还是闯过去了。在一次次与挑战搏击的过程中，季云英变得越来越强大。多年后，谈及当年的经历，季云英很感念张邦鑫给了她很多包容和缓冲，能够让她有空间去重新思考那些问题，"包容别人是非常了不起的能力，更难得的是还能成就别人"。

教学就像舞台剧

从 2004 年走上讲台到 2012 年全力投身教研，季云英在一线与学生们一起度过了 8 年的快乐时光。

起初，她只是想着把知识点讲明白，这样孩子们听得高兴，她也高兴，并没有考虑太多理念层面的东西。教的孩子多了，季云英开始思考如何打动孩子，这显然不是靠讲义，而是靠老师所传达出来的学科魅力。数学的本质是抽象能力、大跨度推演能力和寻求最优解的能力，这是她在学生时代就感受到的数学之美。

一天晚上，季云英在课上讲解一道椭圆问题。她事先准备了 3 种解法，本以为会轻松过关，结果发现很多孩子想的跟自己不一样。她便鼓励孩子们讲述各自的方法，大家特别踊跃，有的孩子受到别人启发，又想出不少新解法。那堂 3 小时的课，他们讲了两道题，总结了 10 种解法，感觉"特别爽"。

"老师并不代表一个学科的全部，而是给孩子打开一扇门，告诉他们这里有一个丰富的世界，孩子获得不同的东西以后，会再产生很多新东西，通过再思考把它们上升成一种小思想，从中会获得精神愉悦。"季云英说。

在她的印象中，每年高考过后，不少学而思老师会 PK 班上有多少孩子报考了数学系，而不是 PK 续报率或者是否成为大 S 级老师，他们很在意自己是否把数学的学科魅力传递给孩子们了。

教学本身也是一个兼具挑战与成就感的事情。一次，季云英跟大学同学交流教书体验，同学分享了演员张译关于舞台剧的感受。

随着岁月的流逝，季云英身上沉淀了一种静水流深的气质

张译说，舞台剧主要依托演员和观众的现场互动，观众的掌声、笑声，甚至嘈杂声、喝倒彩声都会刺激到演员的表演。

季云英感同身受，你在课堂上精心设计了一个东西，孩子如果反馈积极，是对老师的实时奖励，"你站在那里，小孩看你的眼神是躲闪，是直视，还是主动找寻，你会感受很深。那时候，你会感觉自己做了一件对的事情，心里会有一种满足感。"

教研的终极意义

学而思从 2004 年探索教研开始，季云英便参与其中，一直做到现在的教研中台负责人。

学而思最初做教研，主要是为了统一老师的授课内容和进度，保证扩张时的质量底线。那时，季云英和几位优秀老师负责编写讲义，写完通过多层审核之后，再发给其他老师。

随着教研的重要程度日益提升，2007 年，学而思成立了教研部，由此教研、教学和学科"三驾马车"正式形成，为之后的全国扩张奠定了基础。

2010 年以后，学而思教研从纸质阶段走向与技术相结合的阶段，研发了智能教学系统（ICS），后来 ICS 几经迭代，从 1.0 到 3.0，又升级成 ITS。2016 年学而思又上线了智能练习系统（IPS），实现了从课上到课后的线上化。近几年，随着大数据和人工智能兴起，学而思的教研又有了更多新的展现形态。

期间，季云英从培优转岗到智康、海边，又回到培优。在做教研过程中，她发现所有学科教育最终目的不是考试，不是为了做区分，而是培养一个人的思维。比如，IPS 增加预习环节，他们不希望孩子把自己当成一张白纸，只等着老师教。他们希望孩子提前对知识有一定理解，然后到课堂上与老师互动。

在教研领域打拼多年，季云英渐渐明白教研不是把知识点和习题组织起来那么简单，需要了解教材的要求是什么，教材背后的国家课程标准是什么，课程标准出台的背景是什么，再往上是国家对人才培养的要求是什么……这个过程促使他们从独立教研向国家标准看齐，层层深入之后逐渐从摸索教学转向摸索教育，这和十多年前很不一样。

这两年，随着对人文学科学习的深入，季云英对教育有了新的反思。过去，她更多的是从理科生的抽象思维角度看待教育，补充了历史、哲学、政治知识之后，她学着重新看待世界、社会和人的关系，从而慢慢理解国家在基础教育层面的巨大变革。未来的人才，不仅需要知识性教育，而且要懂得知识如何在社会生产生活中的应用，懂得如何从纷繁复杂的现象中找到一般性规律。

从磨合到融合

2010 年到 2015 年，季云英在爱智康做教研，期间开始接管技术团队。也是在这期间，学而思开始持续加大研发投入，引进了大量技术和产品人才。

教学出身的季云英，最初对技术一无所知。跨界，成为很大的挑战。一次，一个技术主管要招前端人员，季云英一脸茫然：什么是前端？为什么要招前端？那个时候，教研经常听不懂技术在说什么，技术也常常摸不准教研的需求，有时也会委屈。

有一回述职，一位技术伙伴直言："你们老师都特别会说，我们技术人员不会说，你们就老说我们……"两拨人的思维和话语体系都不在一个层面上，对话很难。作为负责人，季云英不得不想办法促进沟通。那段时间很辛苦，中间各种起起伏伏，但公司的坚定投入给了她力量。

在两拨人才的磨合碰撞中，做教育的人逐渐有了技术思维，知道通过技术能够解决什么问题，获得了更大的想象空间；技术人员也慢慢沉入到业务中，了解了教育是什么，不同年龄段、不同学科的老师和学生诉求是什么，双方渐渐找到了融合点，开始产生不一样的东西。

2017 年下半年，季云英负责学而思教研平台，现在又负责整个教研中台，通过底层统一的内容和工具研发，为各事业部的教研提供前期服务，她称之为"脚手架"工作。

教研在线化之后，季云英和团队会听到很多教研伙伴的反馈，骂声也很多。季云英说，这锻炼了团队的一种能力：用户骂你越多，你越 happy，"骂你的人，说明他用得多，有切身之痛，否则不会骂得这么精准。"

经历过不同的业务，她逐渐学会了换位思考，形成了从不同

季云英现在负责教研中台，为各事业部教研提供底层支持

角度看问题的意识，思路变得越来越开阔，人也比以前更皮实了。2018 年，季云英派运营和产品伙伴把学而思 24 个分校跑了两遍，上半年他们主要是挨大家骂，然后回来改进，下半年则收到了分校伙伴的很多建议，一圈打下来，成就感满满。

现在季云英从容很多，她知道教育与技术的深度融合需要长期持续的努力，她和团队一直在路上。作为一名司龄 16 年的老人，她似乎回到了创业的状态，对未知充满热情。这两年学而思引进的牛人越来越多，带来了很多新东西，也促使她不断思考——必须不断学习，否则就被淘汰掉了。

张超月：只属于少数人的晨光

这是一天中最安静的时候，钉钉刚刚苏醒，人们还在路上。张超月穿过长长的走廊和密集的工位，来到自己的办公室，一看表时针指向 8:00。他沏上一杯茶，开始读书、思考，享受不被打扰的晨光。窗外花开花落，四季流转。

他最近在读《平台战略》，这本畅销书带给他很多启发。他越读越带劲儿，书中记满笔记。什么是平台？什么是连接？智能时代如何搭建平台……这些问题在他头脑中盘桓，他张口闭口都是这些。

如果回到两年前，这很不可思议；如果回到 16 年前，这简直难以想象。他一个地道的数学老师，啥时候被互联网格式化了？这中间经历了什么？

魔力转身

上午 9:30，中关村远中悦来大厦二层，人气一下子起来了。大小会议室全部占满，微信、钉钉铃声不断，张超月穿梭在各种忙碌中。

他现在的身份是未来魔法校校长。这是一个面向全国中小机构的开放平台，创立于2017年下半年，目标是将好未来的产品、技术、教研能力下沉，助力中小机构发展。

未来魔法校的创立，预示着开放平台时代的到来。以前，一个教育机构的品牌、教研、教学、招生、运营都是自己来，当产业走向成熟之后，开始出现分工纵横交错，未来魔法校等一批横向开放平台应运而生。

张超月被调来做魔法校校长，虽然他在教学、教研、师训、学科方面积累多年，但是对互联网、大数据、平台这些理念一头雾水。

他每天以最快的速度学习新东西，以最快的节奏适应新业务，逼迫自己尽快融入其中，这个过程是痛苦的。但做着做着，他开始沉浸其中。

一次会议间歇，他一个人躲在角落里看《智能商业》，越看越兴奋，随即拉着技术伙伴畅想未来："开放平台要做Saas服务，要实现数据回流，否则你不知道卖出的产品和服务效果如何，应该如何改进，很难实现数据的闭环。我们要对平台上的产品提供基本保障和服务集成，实现数据智能……"他两眼放光，像发现了新大陆。

过去一年，张超月与很多中小机构的校长凑在一起，跟他们讲好未来的理念与服务，听他们讲自己的诉求和困难，交流碰撞中，大家逐渐达成共识：一个好的课堂可以由多个人多个组织协作完成，这是行业的进步。张超月也渐渐领会到平台的本质，必须要为平台上的个体提供更多服务和支持，才能彼此共生。

这也让他看到了教育的另一面。以前，好未来在行业中被孤立，有人防备它，有人攻击它。开放平台之后，他们接触到更多机构，发现了很多不同的教育形态，千千万万的"蚂蚁雄兵"，构成了广阔的教育蓝图。

关于开放平台的定位，张邦鑫提出"一花独放不是春，百花齐放春满园"。张超月提了一个更接地气的口号："在一起，走得更远。"

看来，他已进入状态。

"彼得原理"

从 2C 到 2B，是截然不同的逻辑，未来魔法校冲开了一个角，但也只是刚刚起步，落地过程仍然充满不确定性，挑战无处不在。

张超月每天处于紧绷状态，"彼得原理说，大部分情况下人会被提拔到自己不胜任的岗位，这个在我身上一直在发生。"见面那天，他不无自嘲地告诉我们[1]，这些年自己一直在追，追得很辛苦，但始

1　文中"我""我们"指作者及参与访谈的人。

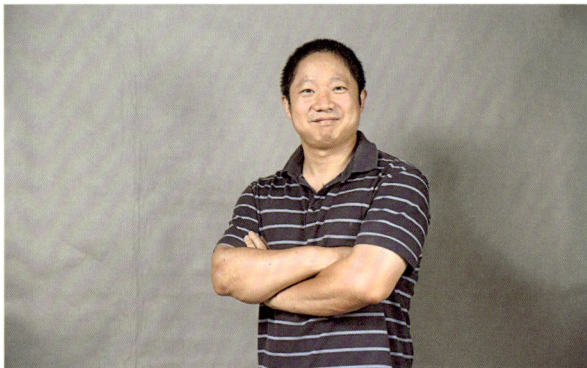

张超月现在的身份是未来魔法校校长，
他相信与万千机构在一起会走得更远

终追不上。

不知是太过忙碌，还是有意清空，张超月不愿谈及太多过去的事，也很少提及过往的战功和体验。我们只能在有限的交流和素材中，勾勒他人生流变中的一些侧面。

这些侧面，拼接出来了一个追赶的故事。如果回到故事的起点，你会发现它无关理想，无关情怀，只是为了生存。

回到 16 年前，在北京劳技中心教学点，你会看到一个年轻男老师在讲台上呐喊，讲到激动处，一拍桌子一跺脚，教室就会抖三抖。

那个火辣辣的夏天午后，学生们昏昏欲睡，张超月也直犯困。

忽然，他猛拍一下黑板，把学生们从神游中震过神来，重回课堂，他的"野兽派教师"名号由此流传江湖。但当时由于用力过猛，黑板被震裂了，毛玻璃做的黑板不到 200 元，他却拿不出来。

他原本是一所公立学校老师，学校主要面向贫困生，待遇微薄。那时他刚成家，每月要还房贷，为了贴补家用，便到学而思兼职。每周上完课，他默默盘算着又能赚几块瓷砖了，手头紧得很，还经常预支课时费。

那天，他找到张邦鑫坦承"事故"，申请从自己的课时费中扣钱，后来也没有扣，张超月觉得这个地方挺有人情味儿。

不仅人情味儿，他喜欢这里每个人都很拼的样子。无论是张邦鑫、刘亚超还是白云峰，学习意识都非常超前，张超月觉得他们成长太快，自己在后面追着追着，也跑快了。2006 年他从公立学校辞职，加入了这群"拼命三郎"。

那时候，他经常躲在角落里琢磨题目的不同解法，也会旁听其他老师讲课，从中汲取经验。他的课堂越来越有魔力，他像个魔术师一样，不断抖落出多种解法和技巧，把课堂变得很有意思。

为了磨练教学能力，张超月通过各种途径拜师学艺。一次，他辗转打听到北京一位知名数学教师掌握了很多独特的教法，便过去"取经"。碰面后，他把各种"疑难杂症"依次摊开，虚心向对方请教，两个人立马开始现场演算。从常见的直观画图法、倒推法到枚举法、假设法，两人交流得不亦乐乎，仿佛两个武林高手在切磋武功。

当张超月在教学领域尽情游弋时，一项新的任务正在等着他。

训练老师的人

2004 年一个冬夜，张超月从西安出差回来，还没下飞机，就接到张邦鑫的电话。原来，两个当时最牛的老师带走了 200 多个最好的学生，这对刚刚越过"生死线"的学而思来说是沉重一击。性格耿直的张超月愤愤不平，后来他才知道那个电话是想问问他会不会离开。当然，他留下来了。

名师出走，促使学而思规范了人力体系的管理和组织文化建设，由此获得了快速成长。随着规模越来越大，老师供给跟不上了。他们在各大名校发招生贴，四处请人推荐老师，但是符合条件的人很少。

2006 年，学而思成立师资培训部。他们从名校选录了几位优秀大学生，对他们进行一轮轮听课、代课、练课、写教案、试讲等"魔鬼"训练。巧合的是，第二年北京一家知名培训机构挖走了学而思多位顶尖老师，带走大量生源，幸好培训出炉的几位新老师补位，才解决了燃眉之急。

培训学院团建时期，
张超月不经意间展露出文艺的一面

这次名师出走，坚定了学而思成立师资培训学院的决心，教学经验丰富的张超月成为首任院长。

在张超月的印象中，张邦鑫在师资培训上花了很多精力。第一次课，他会亲自过来给大家讲学而思的文化，跟他们讲"教不好学生等于偷钱和抢钱"。参加培训的大学生[1]很激动，发现原来 CEO 站

1　学而思招聘老师时会对通过简历筛选的大学生进行培训，培训结束通过选拔的人，才能正式入职。

在讲台上是这个样子。那时，学而思不仅对这些大学生进行 28 天集训，还给他们补助，这在教育培训行业是独一份。

在这里，大学生们感受到了不一样的课堂。一位参加师训的大学生回忆，一次，张超月讲一道奥数题，第一遍讲完之后，他更改了其中两个条件，变成了第二道题；然后把其中一个条件和结果互换，又变成了第三道题。在场的大学生感到特别神奇。这个过程也让张超月见识到优秀人才的魅力。

他发现这些来自名校的大学生知识储备和视野很广，有时遇到一些很难的知识点，普通老师两三个小时讲不明白，那些优秀老师很快就讲清楚了，而且入木三分。很多时候，他们把自己对学习的热情、探索也带到教学中。张超月渐渐明白吸引优秀的人进入教育行业的意义，他们会拉升行业的水准。

在变化中辗转

张超月觉得，自己不是那种主动追求变化的人，有时候甚至是后知后觉的。但是这些年，一直有人在背后拿着鞭子催着他跑。

在师训岗位上干了两年，他干得越来越顺手。一天吃午饭，张邦鑫突然告诉他，"你别做师训了，干学科吧。"他一下子转到了学科部。

刚做学科时，他连招生简章都不会写，只好硬着头皮边干边学。勤学加苦练，总算摸到了写招简的门道。接着他又琢磨着做讲座、开家长会，各种招揽学生的把式都学会了。

很快到了2011年，学而思开拓南京分校，他被派到南京当校长。彼时，学而思经过上海、天津、武汉、广州、深圳五所分校的摸索，沉淀了一些相对成熟的打法，张超月跟他们取了不少经。比起前五所分校校长，他觉得自己面临的情况好很多。

对个人来说，这是一次很大的跨越。他不仅要考虑招生、教学，还要琢磨人力、财务、教学点租赁等方方面面的事，只能一点一点学。刚到南京三个月，他每天只睡4小时。

最大的瓶颈在教师，学而思刚到南京想招一些很棒的教师很困难。当时有两个名校的大学生在上海参加完培训，评估结果认为他们不适合当老师，张超月很犹豫。他想重新招，但是一时又招不到，分校刚起步也要考虑成本。于是他就带着这两个老师天天练，手把手教他们怎么讲课，练了一个多月，终于过关了。后来南京分校第一批招了500个学生，他们每人带100多个学生。

这件事给张超月很大触动，他发现对文化的认同是影响老师后天成长潜力的关键因素，那两个老师当时觉得教不好课就是犯罪，对孩子不好就是犯罪，这让家长很感动。

创业初期很辛苦，但是业务发展让人有盼头。张超月在南京分校打拼一年，正想施展拳脚，又被调回北京分校了。

彼时，学而思北京分校已经成为当地中小学培训第一品牌，但是随着规模越来越大，也暴露出一些问题。有段时间，张超月很焦灼，觉得管理模式、人才、师资、教研都需要调整，"犹如玉在手里盘，会产生墨江；杯子总泡茶，会产生茶垢，北京分校也要完成一次突破"。为此，他和同事做了很多探索。

后来，他又经历过两次转岗。学而思就是这样，变化随时都在发生。蓦然回首，张超月发现一不小心大把的青春都溜走了。他已年届不惑，头发花白，锐气收敛不少，但那股劲儿还在。

这些年，他对自己狠，对下属也严。不少跟过他的人当年都挨过他的痛批，但痛批之后他会用心教他们，培养他们。曾经，他给人的感觉聪明急迫，现在睿智豁达很多。

采访临近结束时，一位他多年前的下属告诉我们，他身上最打动人的是"对于所教的和所学的那种孜孜不倦的追求精神"。我忽然想起与他见面的那个早晨，乍暖还寒，阳光灿烂。那是只属于少数人的晨光。

王伟：“钝感大侠”闯关记

金庸笔下多大侠：有智勇双全、行侠仗义的萧峰，天资聪颖、古灵精怪的杨过，也有个性刚毅、勤奋踏实的郭靖。王伟从学生时代就爱武侠小说，一次公司提议大家起个花名，他给自己起的名字是“大侠”，这个名号很快在内部传开了。

与王伟接触多了，你会发现他与郭靖有几分相似：他们看上去都不是很聪明，但持之以恒、稳扎稳打，也练就了一身好武功。王大侠的武功秘籍很简单，说简单其实也不简单。

17 次试讲

从北航的知音楼到学知楼，这段路王伟走过很多次。那是 2004 年，他从江苏来到北京，在学而思做一名教务。每次上课前，他会把厚厚的一摞讲义从知音楼搬到学知楼。

教务事情很多，每天开门关门、清点人数、配备教具、给学生发讲义、打扫教室和厕所……很快他就把这些工作干熟练了，于是他暗暗给自己定下了一个小目标。不久，学而思开通了一项服务，免费给学生电话答疑。在那个互联网尚未普及的年代，这项服务很受欢迎。王伟申请每天晚上守在电话机旁边，回答学生的提问，短则 5 分钟，长则半小时，他一晚上要接很久的电话，很累也很充实。

答疑过程中，王伟发现原来讲课没那么难，也许有一天自己也能站上讲台。他开始利用一切机会学习，白天旁听优秀老师讲课，晚上做大量练习；经常在教学点堵住张邦鑫，找机会给他试讲；为了纠正不标准的普通话，他连续三个月每天早上含着花生或水果糖朗诵励志文章……

成长的道路是崎岖的，一次次精心准备，也一次次由希望到失望。当时王伟还负责新老师的初试筛选，有一回他跟初试老师一起参加试讲，结果人家通过了，他没过。

虽然痛苦，但他从不放弃。王伟身上仿佛有种钝感力，挫折在他那里会很快过去。每次试讲完，他认真听取大家的反馈，总结教训和不足，然后再出发。经过前前后后 17 次试讲，他终于有机会登上讲台。

易从难中来

人生如闯关，一关又一关。对王伟来说，走上讲台只是一个开始。

第一次课，他接了一个暑期班，需要连讲15天。这种备课强度，对一个新老师挑战很大。尽管他准备充分，但上完第一次课，有两个学生退费了。张邦鑫怕他有压力，嘱咐工作人员不要告诉他。但作为授课老师，王伟还是很快就知道了。面对这次挫折，他暗暗较劲，一定要全力以赴做到最好。

那段时间，他把日程排得密不透风：前一天晚上将已经准备好的教案再重新准备一遍，把每道题的讲解都写成逐字稿，第二天上午去听另一个老师讲同样的课，中午对照自己的讲义查缺补漏，下午再给学生上课。

那个煎熬的夏天结束后，后面流畅了很多。除了第一次退费的两个学生，其他学生都跟着他学完了课程，并且跟完了整个小学，家长还给他介绍了很多新学员。

后来，一位相熟的家长告诉他，其实他最初讲课经验确实不足，家长主要看重他的用心。"我们看到你的教案每次都密密麻麻的写满了内容，你确实是发自内心地关心这些孩子，希望教好他们，所以跟着你很踏实。"这句话像镇纸一样在迷茫的岁月中镇着他，让他在遇到问题时更加勇敢。

很快，王伟在学而思有了一定的知名度，报他班的人也越来越多。那时他一周带 11 个班，同样的课程一周讲 11 遍，他对知识点的理解和学生的反应掌握得越来越好。通过高密度的课时量，他把别人几年的授课经验浓缩成一年。

王伟通过高密度的课时量，
把别人几年的授课经验浓缩成一年

某种程度上，学而思也在推着人向前走。在王伟的记忆中，那时学而思的氛围有点亢奋，甚至是疯狂，"当一群家长排着队等着报你的班时，你除了竭尽所能地把课讲好，还能做什么？"

一次挫败的经历，让他体会更深。2006 年，学而思开了一个短期班，面向北京一批超优秀的孩子。张邦鑫找到白云峰、杨付光、刘开、王伟跟他一起授课。王伟认为自己对授课内容已经很熟悉，就按常规方式准备。结果到了讲课那天，他才发现学生水平超出想象，自己准备的不够充分，延展不足，缺少亮点……这件事让王伟很懊恼，他原本能做到优秀，但由于重视不够，只勉强做到及格。这让他意识到，作为老师，任何时候都必须做好200% 的准备。

上海突围

上海分校初创的 4 年，有突破也有遗憾，起起落落，王伟都经历了。

如果说从教务跨入教学，是王伟人生中的一个分水岭；那么从部门负责人到一校之长，是他人生路上又一个分水岭。2008 年，学而思在天津、上海、武汉共收购了三个学校，吹响了全国扩张的号角。

学而思在上海收购了一家叫乐加乐的英语机构，它在当地创立将近 10 年。起初，学而思希望通过乐加乐的英语学员为数学导流。那时，乐加乐的英语课程结束后，学而思的老师再额外给学生讲 15 分钟数学，他们灵活风趣的讲法，让学生和家长耳目一新，于是他们一个班接一个班地讲下去了。

但导流毕竟有限，十多年前，上海中小学数学培训市场还是一片蓝海，家长在这方面的认知也有限。

王伟此前在北京的学科经历发挥了作用。彼时，为了招揽更多学生，他经常与同事做讲座、四处宣讲，设计各种产品。来到一个陌生城市，他们迫切需要打开局面。

王伟决定通过电脑投影向家长展示学而思所有的讲义文档，向外界传达一个讯号——学而思在教研方面是非常专业的。他把所有的自编讲义汇总到一个文档，家长可以随意查看所有年级所有学期的每一讲内容。这在今天看来没什么，但在十多年前很多家长被这种用心击中了，他们看过之后纷纷报名了。

与此同时，他们也在琢磨如何从线上导流。当时，E 度论坛上海站刚起步，没什么人气。当地活跃度最高的是一个叫"旺旺他爸"的论坛。他们一边做 E 度，一边潜入旺旺论坛发布学习资讯，给家长答疑，从而结识了一批大 V 用户，引来了一批重要生源。

上海分校成长迅猛，2008 年暑假第一期招收了 123 个学生，秋季班增长到 800 多人，寒假班达到了 1300 人，不到两年招生规模过万。这让外界看到了学而思跨城市的复制能力。

然而随着业务的深入，两个团队在文化、理念融合上的冲突越来越多。原来机构不允许家长旁听，并且不允许退费，担心这样会影响收入。所以，王伟在推行家长旁听和随时退费机制时，遇到了很大的挑战，双方僵持不下，达成的妥协是原来的英语业务维持原状，新开设的数学业务开放课堂和随时退费。两个校长理念不一致，给王伟带来很多困扰，很多事也放不开手脚。

2010 年，上海学而思学员突破了 1 万人，规模是并购前的数倍，在当地也形成了良好的口碑。这时，原来的校长又注册了一个培训学校，带着一拨人出去另起炉灶了。此后，上海学而思开始独立运营。

新的挑战随之而来。学而思上市之后，集团进入大跃进阶段，上海学而思也经历了一段高歌猛进期。有段时间，上海分校很快开了 10 个教学点，而且还开了多年级、多学科等多条产品线。那时候，他们潜意识中觉得开了教学点总会有人来，然而学员人数虽然增加了，满班率却跟不上。起初，上海分校不到两年时间做到 13000 人的规模，但是从 13000 人到 17000 人，花了整整一年。

"我们前期只顾着学生人数增长，没有考虑业务的持续健康发展，提前释放了很多未来的能量。"王伟反思，一个校长来到一个新城市开疆拓土，没有热情和冲劲是不对的，但是只有热情，没有方法理论支撑，容易走偏，因此把握节奏很重要。

其实，这是一个"先做强再做大"还是"先做大再做强"的问题。发现问题之后，王伟决定重新抓满班率等健康指标，上海分校又恢复了增长。后来他负责学而思分校管理以后，提出的第一点要求便是：新分校初期只允许开一个教学点、四条产品线，如果一个点没招到 2000 人，不允许扩点。

成长的磨砺

2012 年，王伟调回北京负责分校管理，与学而思联合创始人白云峰一起把天津、上海、武汉、广州、深圳 5 所分校的打法进行梳理，把很多有价值的东西沉淀下来，基本上完成了开拓分校的底层搭建。

2014 年，杨付光从上海学而思调回总部，王伟被安排负责其他业务。此后他辗转了多个岗位，平均每半年或一年换一个地方，其中大有大的发挥，小有小的发挥，有些变动是痛苦的，有些变动是舒适的，当然"痛苦"的蜕变更多。

这些年，王伟辗转多个岗位，经历了一次次成长与蜕变

从培优总部出来，王伟在投资部短暂过渡一段时间，去了新产品项目组。在那里，他负责一个在线直播的答疑产品，四处找人搭了一支团队，鼓捣大半年，也没有鼓捣出来。这对他打击很大，他感到一种挫败感。随后，他又从新产品部调到智康事业部，经历了教育O2O转型，亲历了变革的阵痛。后来，他又从智康调到摩比，带领摩比走出了北京。

"一个人不断调动，对组织是新陈代谢，对个人也是成长。"王伟发觉，舒适时个人成长会慢一点，痛苦时成长得更快。他的钝感力，让他在痛苦中很快抽离出来。这个过程，犹如武林高手修炼武功，每通过一关，修炼便更进一层。

2018 年年底，王伟来到智慧教育事业部，负责向公立学校提供教学服务，他把这视为人生第三个分水岭。这是一个全新的疆域，过去学而思的产品主要面向 C 端的学生，现在要服务 B 端的学校，这是两个截然不同的逻辑，对人的能力要求很不一样，他必须清空原有的部分认知。一切还在摸索中。

16 年倏忽而过，当年那个懵懂的大学生已年近不惑。有时，王伟会想如果没来学而思，自己现在会怎么样？也许晃晃荡荡找个工作干下去了，也会成长但可能比较慢。"有些时候，人的成长除了自身的努力，还需要机遇和平台。组织的快速成长会把人带到一个新的高度。在这里，你可以做很多新事情，而且继续做很多新事情。"

杨付光：进一寸有进一寸的欢喜

在学而思，杨付光的故事很励志。

从化工企业工人到学而思教务人员，再通过一步步努力，成为专职教师、分校校长、学而思培优总校长。他的故事如同他的外表一样平和、淳朴，但充满力量。

比起 16 年前的意气风发，他的头发越来越少，他的能力、视野也与 16 年前不可同日而语，但那种认真务实还和从前一样。从杨付光那里听不到什么豪言壮语，但能感受到进一寸有进一寸的欢喜。

偷师学艺

2004 年，当学而思刚刚在北京崭露头角时，杨付光还在山东郯城一家化工企业调试设备。

这年夏天，他只身北上，应聘到位于北航附近的学而思，成为一名教务。彼时，教务事情很杂，教材发放、课程安排、环境维护、家长答疑、代收学费……但凡与教学相关的事情都在这里了。

日复一日，杨付光感到有些枯燥。有时学生上课的时候，他就在门口做学生讲义上的题目。很多题他要么不会做，要么方法比较笨，于是便去请教授课老师，老师的解法让他觉得特别巧妙，这激发了他的求知欲。

后来，老师上课的时候，他就假借听课的名义坐在后面旁听，有时候也透过门缝或者趴在窗户外面听，一学期下来他听了好多课，逐渐建起了一套数学知识体系。

杨付光是个有心人。学而思创立初期经常会给教务人员培训，包括理念、教学、管理等不同内容，其他人往往听听罢了，杨付光却把培训内容都消化成自己的知识。这样，他不仅能解决日常的教务工作，还能给孩子们做学习规划。

他的才能渐渐展露出来。2005年春季，杨付光参加了教师培训。转型来之不易，他格外珍惜。为了把课讲好，他和同事王伟互相试讲，反复模拟演练，还经常跟张邦鑫过课，在他的指导下不断改进。

很快机会来了。那年暑假，一位老师开课前临时有事带不了班，杨付光主动请缨接下了那个班。充足的准备让他顺利完成第一次课，他的班很快招满了。2005年秋季，他开始大量带班，周五一个班，周六、周日各三个班。尽管七个班同属一个年级，但是每当上周五的课时，不知为何，总有些磕磕绊绊。

又是一个周五的晚上，知春路的一次课。他给学生讲一道题时，

杨付光觉得要想学习和进步，
首先要做个有心人

突然脑子短路了，他愣愣地站在讲台前，大脑一片空白，课堂气氛顿时凝固起来……因为"挂黑板"，课堂计划被打乱了，后半节课反响平平，下课后他迅速逃离了"事故"现场。

尽管学生和家长大度地包容了这次教学"事故"，但杨付光内心充满愧疚、自责，当天晚上辗转反侧。回想起过去几个月的代课情况，虽然他每次都认真备课，但周五的课常常出问题，周末的课就顺利得多。思来想去，他终于意识到每周五给孩子上的是第一遍课，缺乏充分的模拟训练。

他琢磨出一个笨办法：在下周五上课前，他在集体备课结束之后，逐字逐句地把课上要讲的内容全部写下来。从课堂导入到知识点分析，从举例到提问，包括插播的小故事、学生可能问到的突发问题，他写满了七八页 A4 纸。果然，这次周五的第一遍课，比以往顺畅很多。

就这样，杨付光坚持写了一年逐字稿，积累了厚厚一摞稿纸，他对课堂的掌控力越来越好了。后来，写逐字稿成为学而思的一个传统，每个老师都会通过逐字稿把第一遍课落在纸上，留给自己。

那两年，杨付光成长很快。在他看来，工作是很平凡的，但要有足够时间学习充实自己，"岗位是死的，人是活的，岗位只是限制了名称，但没有限定你的发挥空间。"

分校的历练

从 2005 年到 2007 年，杨付光做了两年专职老师，此后也参与到面试老师、编写讲义、学科招生等工作中。

2008 年，学而思决定走出北京。当时，它在天津、上海、武汉三地共收购了三所机构，准备在此基础上建分校。杨付光被派到了天津。

从分管一个业务部门到管理一所学校，挑战很大。尤其开拓阶段，很多事情都是从 0 到 1，学而思总部也没有清晰的开分校模式，派出团队在与收购学校的磨合中，产生了很多问题。

双方团队在产品线聚焦、教师管理、教学服务、招生方法上都有很多分歧和矛盾，最痛苦的是"双校长制"在用人理念、管理方法、业务方向上的不统一，给整个团队造成了巨大的困扰，导致内耗严重。

对杨付光来说，那是一个灰暗的阶段。管理上处处掣肘，业务也没有发展，他怀疑自己可能能力达不到，一度提出想回北京做个普通老师。

痛苦迷茫中，他和同事们也在寻找破局点。初来乍到的他们，决定狠抓教学质量，这是学而思立足的根本；其次，从单点突破，先把一个年级一个学科做好，再做多个年级多个学科；第三，与家长建立亲密度，当时家长给分校提了很多建议，无论教学还是服务，他们都一一改进，逐渐积累了口碑。

一年后，学而思总部任命杨付光为天津分校校长，给原来的校长一些赔偿，让她离开了。2009 年上半年，天津分校才完全进入自己的发展节奏。

杨付光在天津干了三年半，摸清了分校的发展模型，自身能力也从单一变得多元。在这个过程中，他的心性和意志也得到了磨炼。

每个阶段有每个阶段的挑战。2011 年年底，上海分校校长王伟调回北京总部，由杨付光接管上海分校。相比天津从 0 到 1 的破局，上海的挑战是如何把更大的团队凝聚起来，解决效率和发展的问题。

彼时，上海分校经过一段时间高速成长之后，总体增速放缓，内部健康值也在下降。杨付光过来做了一系列减法。

那段时间，上海分校老师离职率比较高，新老师也招不上来。杨付光发现老师的基本收入达不到幸福度，于是他决定减少老师招聘，把现有老师的排班量提上去。在他看来，只有打好经济基础，组织才更有凝聚力。

其次，他把一些招生不理想的教学点关掉了。在招生方法上，他也减去了一些营销手段，更多聚焦在教学质量的提升上，比如增加了入学测评和诊断。

当时，上海分校的寒假班规模只占到秋季班的 60% 左右，这跟南方寒假短有关系，也有运营问题。杨付光提出了一个"+1"目标，即寒假班比秋季班增加 1 个学员。经过一段时间的优化运营，2012 年寒假班体量达到了秋季班的 85%，下一年超过 90%。

在上海，杨付光花了近两年时间解决人和业务的发展问题，这促使他思考如何掌控一个成熟分校的节奏和加速度。

跌宕的五年

2014 年 7 月，杨付光调回北京，负责学而思北京分校，一年多之后，他从学而思联合创始人白云峰手中接棒，成为学而思培优总校长。

过去五年，是教育行业风云激荡的五年，也是政策风向、舆论环境、社会环境变化迭出的五年。学而思驶入了发展的快车道，知名度也达到了空前的高度，但是挑战和危机也接连不断。

作为重要的参与者，杨付光经历了一次次风雨冲击和成长。

他刚回北京时，北京分校的招生规模将近 8 万人，但发展一度停滞，那两年杨付光和团队以小学为突破口，在一定程度上解决了北京分校的发展停滞问题。但遗憾的是，他们忽视了新初一的入口问题。

当时，以新东方为代表的 K12 教育机构通过 50 元的低价课，迅速招揽了一批新初一学员。这种类似电商领域的价格战打法，让学而思很懵。"学而思从来没那么打过，我当时觉得这是不对的，但没有看到模式中的价值，所以做起来有点纠结和被动。"杨付光回忆说。

相比竞争对手，学而思在价格战上出手有点慢。到现在为止，他仍然认为价格战有积极的一面，也有消极的一面，它是不可持续的，但市场进入到那个阶段也要做。在他看来，当时学而思在价格战方面并没有完全学透，这两年已经突破很多。

这件事带给他最大的反思是，原来以"我"为主，对外部的很多变化，学习很少，而且光学习不够，还要结合自身优势去做。在之后的一系列事件中，他的向内反思不断加深。

价格战如火如荼进行的同时，行业、舆论和政策的变化也接踵而至。无论是 2015 年教育 O2O 的火爆，还是 2016 年的疯狂学而思

教育行业风云激荡的五年，杨付光一直在马不停蹄地学习

事件、2017 年的成都事件、2018 年针对培训机构的政策趋紧……都给学而思带来了冲击。

这让杨付光意识到一个严峻的问题，过去他们主要是在自己的业务模式里思考问题，没有看到行业模式的变化。其次，学而思对于产品和运营的变革与创新不足。更重要的是，随着学而思的成长壮大，它不能再像过去那样过多关注自身成长，而要把自己放在整个教育行业中，重新思考角色定位和带给家长的价值。

这个过程是痛苦的。无论对学而思，还是身处其中的个人，都必须突破边界，重新定义自己，否则将被时代浪潮拍倒在沙滩上。

时代变了，消费者需求变了，国家、社会对人才的需求也不一样。按照杨付光和高管层的构想，学而思将从传授知识转向培养能力，成为能力培养的先行者。他们希望通过多元化的产品和服务，覆盖不同收入的家庭，不仅成为教育体系的有益补充，而且成为精准扶贫的小助手，"学而思不再像过去那样只针对优秀学生，让优秀的孩子更优秀，而是把不同层次的孩子培养得优秀"。

在这个全新的疆域，杨付光正在马不停蹄地学习。在他位于中关村海兴大厦三层的办公室里，摆满了有关战略和创新的书，他要从长期思考学而思的模式变革。

这些年，他一直有一个朴素的观点：不管在哪个岗位，他不希望自己成为这个岗位的瓶颈，他希望能够带来一些改变，所以必须不断学习。"学而思能够起来，主要还是选择了很多用心做教育的人，大家一起把这件事做起来了。很多事情不仅靠天分，而是靠坚持。"

刘开：戎马归来　仍是少年

在学而思，有很多特立独行的存在，刘开是其中辨识度很高的一位。他个子不高，身材清瘦，但气场强大、做事果决。

在学而思 15 年，他辗转北京、广州、上海三地。几次时空的起承转合，有高光也有险远。如果给这段经历做些标记，广州、上海绝对是浓墨重彩的两笔，北京则是梦想的起点和延伸。对刘开来说，这些地方承载着青春的记忆。

现在，他终于坐下来审视自己。这是一个关于成长的故事，故事的背后，也许你会看到一个教育机构如何突破困境，在时代的滚滚洪流中阔步向前。

平地起高楼

2009 年 7 月的一个下午，广州白云机场大雨如注。

刘亚超（学而思联合创始人）和刘开从飞机上下来，刘开一脸茫然："我们要去哪里？"刘亚超告诉他："我们给你租了一个两居室，从今天起你就是广州分校校长了。"

第二天，刘校长走马上任。没有教学点，没有老师，没有学生，再过两个月秋季班就要招生了。

那时，刘亚超负责学而思分校拓展，他在广州呆了一周，跟刘开交代了很多事，还陪他租了办公楼。但是他们搬进去才发现那个楼的空调不制冷，也不能装外挂机，一个半月后就退租了……

他们一边忙活教学点，一边招聘老师。起初，刘开在华南师大论坛发帖，但面试后一个也没通过。在刘亚超的建议下，他把那些前来面试的大学生集中起来培训一周，从中选了三个老师。

最难的是招生。起初刘开很有信心，他在北京是一票难求的老师，很多学生排队等着报他的班。他觉得在广州招 100 个学生，应该是手到擒来的事。然而，他低估了开拓新市场的难度。

他在教学点周边小区连续投了十块大屏广告，但是一个学生也没招过来。他又尝试为学生做诊断，在 E 度论坛发帖子、写文章，还编参考书送给家长，但收效平平。于是，他发动财务、人力、教务人员到重点学校门口发传单。

一天，刘开在天桥上发传单时碰到两个家长，得知很多家长在旁边的麦当劳闲坐聊天。他立马冲到那里给家长讲学而思，一周后他给这些家长上了一节公开课，收获了第一批生源。

广州分校首期招收 170 人，第二学期增加到 340 人，第三学期

430 人，第四学期才突破 1000 人。这个速度不算快，甚至是缓慢的。

相比之下，上海分校开了数学科目后，很快招到 2000 人，一年时间冲到六七千人。比广州分校晚半年的深圳分校，第一学期一下子就招到 500 多人。

前有上海领跑，后有深圳赶超，那一年广州分校非常煎熬。即便如此，刘开坚持不从北京带一个老人过来，也不招有经验的老师，他觉得那样不够纯粹，坚持招一张白纸的人。

这多少与三次收购有关。此前，学而思天津、武汉、上海三所分校是收购过来的，考虑到收购的稳定性，学而思让原来学校创始

不计成本地服务客户，是刘开在艰难岁月拼命抓住的东西

人当校长，自己再派一位副校长。但是两位校长在业务、文化、模式上的想法不一致，内耗严重。刘开宁可慢一点，也要保证团队的纯度。

那时候，广州分校起量很慢，每来一个学生，刘开和团队都格外珍惜。学生过来诊断，他们从头到尾分析几个小时；学生一道题半天学不会，他们给他找来几十道练习题；学生第二天考试，他们加班加点地帮他复习……一次，有个学生中途插班，刘开每天晚上免费给他补课，足足补了十次课才帮他赶上进度。

"我们对学生特别好，比对自己的亲弟弟亲妹妹都好，不是一个学生，而是全部几百个学生。当时服务客户真的是不计成本。"这是刘开在艰难岁月中拼命抓住的东西，他目睹了学而思一点点"耗"出来的过程，很早就明白：如果想成为一个优秀的机构，注定要付出很多。

在广州分校，他对教师要求严苛：必须对教育有热情，才能通过面试；小病尽量不请假，轻伤不下火线……他一直跟老师讲：既然选择当老师，学生就是最重要的，轻易不要与学生爽约。他在讲台上的那些年，从来没有请过假。

在很长一段时间，刘开活在这样的坚持与强势里。他的不少坚持，也影响了广州分校的速度。好在，总部给了他坚持的空间。

随着口碑的累积，广州分校的势能逐渐爆发出来。一年后，广州分校规模达到 1000 人，很快又增长到 3000 人，到 2011 年 5 月冲破 10000 人，此后广州各项数据都排在前列，一路扶摇直上。

作为学而思第一所自建分校，广州分校开启了学而思的自建时代。五年的磋磨，刘开也不再只是一名业务干部，他的能力展现出更辽阔的可能性。

风高浪险

2014 年 6 月，刘开从北京开完会返回广州，刚过机场安检口，他又被召回来了——总部决定调他去上海。

在学而思，校长轮动很正常，这对组织和个人都是一种成长。但情感上很难割舍：广州分校是刘开从零开始一点一滴做起来的，五年来，他亲自面试每一个入职的老师，密切关注每一个业务单元，看着一个个活灵活现的伙伴成长，朝夕相处的五年，大家不仅是同事，更像兄弟姐妹……

一周后，刘开从广州飞往上海。

刚来上海时，他踌躇满志。那时候，他觉得任何问题对自己都不是问题。但是，他没有意识到接管一个成熟团队的难度，更没有想到会遭遇一场始料未及的暴击。

那是 2015 年 10 月，一家当地教育机构重金挖走了上海分校 100 多名老师，带走了 10000 多名学员。那家机构的打法是：只要是学而思的老师出来，先一次性付给老师几十万启动金，然后把学费的 70% 付给老师，这对在上海打拼的年轻老师诱惑很大。

上海分校很快陷入动荡。刘开压力山大，却又无计可施。那段时间，他天天睡不着觉，经常晚上 12 点睡，半夜 2 点醒，继续睡，3 点又醒了。

这样焦虑的日子持续了大半年，刘开体验到一种前所未有的生死危机。当时，不仅上海分校，整个学而思也感受到寒气来袭。这次凶猛的教师出走，后来被认为是教育培训业走到一个十字路口时生产力与生产关系的缠斗。

那段时间，学而思密集地组织了很多讨论。起初，大家把它归结为人的问题，后来他们发现问题不出在人上。从个体角度看，如果一个老师在那里一年的收入抵上在学而思两三年的收入，那么老师离开是可以理解的。说到底，是产品和模式的问题。

那么，学而思的模式和竞品机构的模式到底哪个对？

在 2016 年年中的杭州会议上，包括刘开在内的十几个分校校长，经过一天反反复复地讨论，终于得出结论：行业不可能回到靠个体户服务客户的"农耕时代"，将来教育培训业还是要靠组织化运营，所以学而思模式必然会胜出。但是胜出的前提是必须加大科技投入，通过科技为老师赋能，提升他们的生产力。这些是此前上海分校忽视的地方。

从杭州回来，刘开心定了很多，带领上海分校一边整改，一边摸索，不过这个过程相当熬人："你明明知道天会亮，但现在是晚上，不知道还要过多久，天才会亮。"

一天，张邦鑫找到刘开，跟他聊"相信"的力量。

"你觉得你的小伙伴相信你说的话吗？"张邦鑫问。

"应该信吧。"刘开说。

"领导力很重要的一项，就是别人得信你。当年马云站在椅子上说要创立阿里巴巴，下面的人如果不信他，不会跟他干。什么是相信的力量？首先你要相信自己的判断，认定事情未来往哪个方向走，当你自己非常相信并且能够影响到你身边的人相信的时候，你真的会带动一拨人往那儿干。"

这次谈话之后，刘开更加坚定了。在那种混乱的情况下，他坚持带着老师们搞集体备课，讨论各种教学细节，他觉得这个东西太重要了——不管怎样，家长最后看的是谁讲得更好。

苦练内功的同时，刘开决定尽快结束被动的局面，率先打开了招生入口。在生死抉择的关头，刘开再次展现出他的勇猛。他要求招聘负责人以目标倒推法迅速招到老师，不限编制、不限成本，确保每周每月实现目标。师资培训方面，他挑选了最猛的一拨人搭班子，只提了一个要求：授课标准不能降。

当学而思入口打开之后，强大的口碑效应迅速吸引了大量生源，那家挖人的机构很快消停了。

对刘开来说，这是一次痛苦的成长。他发现很多事情比自己想得复杂，自己的认知是有边界的，于是开始变得谦卑。

他也更能理解人摔倒之后，要用一种什么样的心境才能爬起来："一幅画，你不能因为最后一笔没画好，就一下子把它撕掉，尽管你很想撕掉它。现实中一个分校某个环节出了问题，你要把它重来吗？不可能。无论怎样，你要在这个不完美的画作上，含有一个饱满的心情，慢慢地把它扳回来。"

北京，北京

2018 年元旦，刘开从学而思上海分校调回北京总部。在外打拼 9 年，他终于回到了出发的地方。

岁月熙攘，这些年学而思发生了太多变化。自 2005 年 11 月加入学而思以来，刘开从兼职到全职，从普通老师到初中部负责人，再到学科副总，4 年北京时光留下很多回忆，如今回望仍然闪光。

其实，在加入学而思之前，刘开已经在一家培训机构授课，并

回到起点，刘开正在经历一场新的历练

在家长圈里小露峥嵘。有段时间，不断有家长跟他说，知音楼有家机构很"猛"。刘开很好奇，忍不住前去一探究竟，顺利通过"面试"之后，张邦鑫约他当面交流。

"你是过来取经的，还是打算来这里工作？"张邦鑫开门见山。

"……学而思是不是家族企业？"刘开反问张邦鑫。十几年前的教育培训业，家族企业比比皆是，他觉得如果学而思做成一个小作坊，不如自己干。

"不是，现在不是，以后也不是。"张邦鑫回答。

那次见面不久，刘开加入了学而思。促使他下决心的，不止这次沟通。他还去过学而思教学点观察学生和家长的状态，印象很深的是开放课堂，不仅倒逼质量，而且传播口碑。在行业刚刚起步的年代，这种大胆的做法让他感到震撼。那里还有专门的团队编写讲义，老师直接用就可以了，不像他又编讲义又备课，全都自己来。

来到学而思之后，刘开遇到了很多高手，大家经常一起学习分享。他们聚在一块研究教学方法，研究教师何时高亢，何时低沉，如何做到像演员一样收放自如。再往后他们开始琢磨如何成为一个好导演——学习的主体不是老师，而是学生，一个好老师关键是激发学生的学习动力，让他们收获知识和成就感。

现在回到起点，等待他的是一场新的历练。一个习惯了冲锋陷阵的人，当他感受不到一线炮火时，他的内心是不安的。以前，周报能帮助他思考，现在周报还不够。他从 2019 年开始写日报，每天问自己：今天做了哪些事情？有什么意义？还有哪些事情很难做却没有做……这一切都是出于对紧迫感消失的恐惧。

他怀念做业务时攻城略地的快感，作为一个长期在外"带兵打仗"的人，回到后台做支持需要耐心。他记得"王者荣耀"游戏中有个辅助英雄的角色，没有人喜欢玩。刚回到总部时，他发现总部就是辅助英雄，涉及招生、运营、规范、安全各个方面，事情繁杂，推动起来非常麻烦，很多改革短期也很难带来业绩改善。但是，总部对学而思的未来很重要，它会让学而思变得更好更强大。刘开希望做些真正有价值的事情。

回到北京之后，他一直在推动前台、中台、后台的分离和建设，把前端与后端分开，总部与分校打通。在他看来，这关系到学而思的下一个十年，一定要做，而且早做比晚做好。

这涉及到组织架构的大调整，遇到了很多阻力，可能未来一年负面作用仍然会大于正面作用。但刘开很坚持，一定要往前推。

他还是少年心性，如果认定一件事长期有价值，会一直盯着去做；如果看到哪儿不对，也会犀利地指出来，这些年都是这样。

李睿：当梦想来敲门

多年前，一个做产品的朋友告诉李睿："一个人从大学到参加工作，会碰到很多人，经历很多事，如果有一天你发现曾经做的所有事都是为了同一件事服务，那这件事就是你这辈子最值得干的事。"

李睿花了13年，终于找到了那件事——用学习数据轨迹取代考试成绩，改变现有的学习测评体系。这个宏大梦想，伴随着一个互联网大数据开启的新时代而生，让他整个人都"燃"了起来。

梦想也不是一蹴而就的。多年寻梦之旅，高高低低崎岖常有，李睿敞开心扉地讲完了每段故事和过程体验，他觉得这样才真实。有意思的是，他身上那种单纯、炽烈、理想主义的特质，没有随着时空迁移，还在那里。

无梦之梦

李睿在学而思的第一段经历，从2005年到来开始，到2011年离开结束，刚好6年。

在他的界定中，这段经历只是单纯出于责任心，出于对成就客户的认同，没有对人生和事业进行深刻的思考，谈不上梦想。不过，早期接触过他的人认为，其实他当年注入了情怀。

李睿是典型的清华学霸，大学期间年年拿奖学金，奖学金到手后就跑去买书。大四那年，学校不再设奖学金，他没了买书钱，便出来找兼职。当时学而思有两点很吸引他：一个是小班教学，另一个是 60 元 / 小时的课时费，他急需一笔稳定收入。

李睿顺利入围，接着跟 20 多个新老师一起参加师资培训，由张邦鑫亲自授课。那天晚上学校有课，李睿听了一大半就匆匆离开了。很多东西已经模糊不清，唯独两个细节令他印象深刻：一个是"教不好学生等于偷钱和抢钱"，另一个是上课"不允许坐着"。

这些朴实的观念对早期老师影响很大。前不久，李睿送孩子上学而思，发现一个老师坐着讲课，忍不住拍了张照片发给马江伟："上课怎么可以坐着？"两人愤愤不平。

一段时间的培训过后，李睿很快等来了上课的机会。最初，他没有想太多，但是当他在黑板前站定，面对一双双求知的眼睛时，立刻感受到一种责任——他必须备好每节课。那时，他不仅四处搜集资料备课，还研究学生的特征。学生都是 90 后，他就通过各种渠道了解 90 后的所思所想和他们的话语体系，很快与学生打成一片。

李睿是第一个来学而思的清华人。水木清华给他太多，他想把这些东西传递给学生。在中国教育语境中，清华是一个符号，他想要传达符号背后的意义。

这不仅是知识、应试技巧，更多的是他在清华所获得的对人生、对梦想、对未来的信念。他希望通过自己的讲述让更多孩子爱上清华，从而勇敢地面对或艰难或快乐的学习旅程。

李睿希望有一天能够与自己的学生在清华园重逢

他当时的梦想是，有一天在清华园与自己的学生擦肩而过，那个学生对他说："嗨，师兄，我们又见面了。"

时间转眼到了 2007 年，李睿在学而思度过了三年兼职时光，研究生也毕业了。他一心想考博士，希望将来成为一名学者，做出有影响力的科研成果。那时，学而思正在组建高中部，联合创始人白云峰四处网罗人才。他多次请李睿吃饭，聊人生聊教育，鼓动他坚持下来。

白云峰强大的感召力，让李睿难以拒绝，加上"丰厚"的待遇，他最终"没扛住"，选择一边代课一边复习。结果阴差阳错，他的博士考试没有通过。他接受不了一年不工作的状态，所以不愿再考一次，于是全职加入了学而思，跟白云峰、马江伟一起组建高中部。

那是一段肆意折腾的时光。他们尝试了各种创新，李睿还投入很多精力研究学生的认知规律和考试心理，发了很多帖子。他们甚至还编过一本杂志《90 后》，刊发师生来稿，宣讲教育理念，掀起了不小的波澜。

2009 年，马江伟被派往深圳开辟学而思分校，李睿接管了高中部。他带着团队在产品运营上继续探索，由于教研、教学、学科样样精通，"睿大师"名号不胫而走。

这个过程中，他们也发掘了一些人才。一天，一位人力资源老师气喘吁吁地跑来找李睿，说他快"hold 不住了"，请他赶紧过来镇场。李睿过去一看：嚯，一个穿着 T 恤和裤衩的青年，正翘着二郎腿在那儿看《后汉书》呢！而他笔试 20 分钟就交卷了，而且拿了满分。李睿一聊，发现这个人太厉害了，当场把他录用了，并且开出了全高中部最高的工资，比他自己的还高。

这个桀骜不驯的人就是邓杨，北大数学系才子和活动家。他的到来，为学而思引入了很多北大师资，这是另一个故事了。

归去来

与学而思很多土生土长的人不同的是，李睿更多地认识了这个世界，因为他接触过不同的场。这缘于一次出走。

出走之前，李睿经历了一次线上转型。2009 年，学而思想做一个会员体系，酷爱打游戏的李睿，按照游戏的会员体系设计了一个版本，得到了高管层认可，他随后被调到学而思网校做产品。十年前，"产品"在很多人眼中是一个陌生的概念，李睿也是边干边摸索。

很快，他发现录播课质量不好，就带着一群老师研究怎么录课，做过很多尝试。2010 年学而思网校上线后，第一任总经理离开，学而思联合创始人刘亚超接管了网校，李睿重点做学科工作。那段时间，学而思网校业绩有了很大起色，10 万、20 万、40 万、80 万……

每个月营收翻番。他们又开始研究短期班和长期班，尝试走明星教师路线。

这年 10 月，李睿接手网校。他面临的第一件事就是降价，把线上价格降到原来的一半，降价之后很多业务陷入瓶颈，李睿也没有获得更多培训，他感到迷茫和吃力。

那时候赶上集团上市之后的大扩张，网校也迅速扩年级扩科目，营收迅猛增长。2011 年，网校营收从 1000 万激增到 3000 万，员工也从一百来人扩充到几百人。大家像打了鸡血一样，整天谈论各种宏大目标，却很少有人去一线接触客户。结果，扩张带来的业绩虚增，很快陡转直下。在闹哄哄的"大跃进"浪潮中，李睿离开了网校。

出走，犹如李睿人生中旁逸斜出的一笔，让他看到了不一样的东西。

李睿当时想挑战一个不同的领域，于是来到了一家正在向线上转型的职业教育机构。在那里，他学到的最重要一点是，如何在竞争中正面"打仗"，它是有方法论的。他也意识到平台对一个人的价值，"出去之后，才知道什么是你的核心竞争力，什么是平台赋予你的光环"。第三个收获是，他真正意识到什么是基因，那是最深层的思考方式。他后来离开那家机构的原因在于，他认为它骨子里没有客户基因。

他像一条洄游的鱼，又游向了学而思。他发现，这片水域的很多东西跟他的基因匹配。2012 年，距离那次出走一年零三个月之后，李睿回到学而思。这时，互联网台风将要刮起，学而思和行业都在酝酿着一场巨变。

李睿在爱智康和企业规划部辗转一年多，一次偶然的机会，他参加新产品部搞的一场授课比赛，结果一不小心拿了第一名，获得一部 iPhone 手机，就这样"糊里糊涂"地来到了新产品部。

从海边到大海

2014 年，教育市场风云变幻，新产品部也在探索各种可能。在这里，李睿跟老搭档马江伟再次相遇。他们一起尝试大海项目，半年后又转入海边直播项目。海边三年，他们研究出全新的"直播＋辅导"双师模式，并且验证了它的可行性。

诚如现在所见，这是一件足以改变整个教育行业的事情。海边的打法是学而思不曾有过的，回想起来，有种遇水搭桥、逢山开路的感觉。李睿和团队找到了创业的状态。

起初没有辅导老师，按集团流程走下来很慢，李睿便通过一个来自兰州大学的实习生，联系到当地学校招办，他直接飞过去现场招人，很快解了燃眉之急。他觉得这就是"打仗"，是玩命跑出来的速度与激情。在海边，很多事情都是猛干起来的。起步那一年，海边无论招生规模还是续报率，都屡破记录，远超同行。李睿、马江伟带着团队一路乘风破浪，高歌猛进。

　　然而 2016 年，海边的问题不断暴露出来。"教学质量下降、招生受阻、辅导老师积极性不高，网校全面转型，行业纷纷'抄袭'，我们慢慢开始走下坡路。"李睿回忆说。在他看来，海边在底层积

李睿的寻梦之旅，高高低低崎岖常有，他一直在路上

累、产品技术、组织管理、团队心态等方面都犯过错误，总之"内核不够，又过早暴露自己，导致了后来的衰落"。

李睿的反思力极强，他像个旁观者一样冷静犀利地剖析自己，剖析团队，抽丝剥茧，层层深入，即便对公司的责任也不避讳。他依然保持着当初的直率、敢言，当公司越来越大时，这种特质也变得越发珍贵。

海边衰落之后，他心里一个很大的结是愧对团队。毕竟很多人是他"忽悠"来的，他当初向大家描绘了一个改变中国教育的梦想，但是中途折戟了。然而，一个有时被忽略的事实是，如果不是海边，学而思网校的转型也许不会这么决绝，O2O双师也不会四处开花，学而思和行业可能都不是今天的样子。

也正是在做海边的过程中，李睿发现自己所有的经历包括个人能力都在指向一个点：他应该去做改变现有学习测评体系的事情，用学习数据轨迹取代考试成绩。大学七年的法律专业，训练了他的逻辑思维，新产品经验又培养了他的数据思维，他过往的各种经验也都与此相关。

李睿的这种梦想，赶上了一个时代的开启——大数据、互联网对教育的改变，最终要改变的是人才选拔制度，是制度中一个个鲜活的人。

想明白自己的使命之后，李睿主动来到大海项目组，在那里探索如何把学生每节课的学习数据记录下来，搭建不同的学习模型。未来，学生的学习情况有了扎实丰富的数据呈现，远比临门一脚的考试客观。如今，李睿已经在大海项目上扑腾一年多了。他干得特别带劲儿，"也许在教育长河中，它只是一小部分，但是若干个小部分汇合起来，就会成为一个很大的梦想。"

当年，李睿在课堂上慷慨激昂地鼓励学生努力考上一个好大学，为自己争取一个未来。后来，随着对教育理解的深入，他意识到高考可以让学生抵达梦想，但这是一个零和游戏，有人上去就有人下来。如果一个孩子平时的学习情况像信用卡体系一样被记录下来，这样决定他未来的就是他在求学期间的所有表现。

这个宏大的梦想充满未知，李睿也不知道能否亲自看到成果，但是拥有梦想是一件幸福的事，就像茨威格所说："一个人生命中最大的幸运，莫过于在他的人生中途，即在他年富力强的时候发现了自己的使命。"

马江伟：走过的路像一场长跑

马江伟是学而思长跑第一人，他创下的万米跑成绩 40′26″，至今无人超越。他也跑过几次马拉松，成绩都不错。跑步，已成为他生活的一部分。

过去 14 年，于他也像一场长跑，他以平均每年至少换 1 次岗的频率不断切换跑道。跑着跑着，他发现跑步的本质并非唯快不破，而是控制节奏；犹如跑步要面对很多未知一样，人生也充满不确定性。

初来乍到

马江伟的办公室位于中关村丹棱 SOHO15 层。见面前几天，他刚从美国看项目回来，每天汇报、讨论，日程排得密不透风。2018 年底，马江伟接管战略投资部，负责被投企业与公司业务协同。

业务对他不在话下，这些年他几乎尝试过学而思的各个业务板块，但投资对他是十分陌生的领域，整个流程和专业都需要重新学习。

他并不避讳自己的不足。一到投资部，他便直言自己什么都不懂，请大家多带他。遇到不会的地方，他就去问小伙伴，大家也乐意帮他，这让他得以更快地进入状态。这些年经历多了，他发现面对未知，最简单的办法是真实放空自己，掩饰会很消耗能量。

一个清风拂面的上午，我们[1]谈起这次初来乍到，谈起辗转多变的过往，他颇为感慨。时间似流水，一不小心十多年就流走了。

2006 年，也是一个清风拂面的日子，25 岁的马江伟敲开了知音楼的门。

与初试官王伟沟通之后，他很快进入到校长面试环节。那是他第一次见到张邦鑫——他西服笔挺，比现在讲究得多。马江伟根据要求讲了一道复杂行程的不定方程问题，顺利过关。临走时，张邦鑫告诉他："如果来学而思，不要带一个学生过来，也不要跟别人说你到这边了。"马江伟心里一动，觉得这个地方跟别处不一样。

从那之后，他一边在北京交通大学读研，一边在学而思代课。他很享受在讲台上挥斥方遒的感觉，那时很多学生和家长排着队报他的班。多年后回忆起来，他觉得"就像在天上飘一样，不给钱也

1　注：文中的"我""我们"指作者及参与访谈的人。

要教，特别美"。

那时候，这群初出茅庐的大学生一起切磋，一起备课，一起撸串……马江伟喜欢这里自由、平等、开放的氛围。

一天，他给公司提了几条建议，张邦鑫约他吃饭。在单位楼下的一个拉面馆，两人点了两碗拉面和几个小菜，张邦鑫让马江伟坐着，自己去排队取餐。马江伟瞬间被感化了，他没想到老板那么平易近人。后来，他研究生毕业之后放弃其他机会来学而思做全职，多少也跟这个有关。

2007 年，随着学而思第一批学生升入高中，学而思高中部应运而生。作为高中部第一代老师，马江伟、李睿跟着学而思联合创始人白云峰一起组建了高中部。

万事从头难，一切都是从零开始探索。起初，马江伟和李睿一人分管一个年级，都做得很郁闷，后来索性合兵一处，发挥各自优势。李睿擅长讲课和写作，马江伟动态思考能力强，会根据实际情况不断优化。那时候，白云峰很放权，给了他们很多折腾的空间，创意像泉水一样汩汩地冒了出来。

当时高中部没有严格的产品设计，马江伟便从自己的考研经历出发，琢磨学生们在冲刺阶段会关注哪些东西，很快推出了"五一串讲班"和"点睛班"，请名师为学生梳理知识点、划重点，让学生眼前一亮。

在这个不断思考和创新的过程中，学而思高中部的产品模式渐渐成型，在学生和家长中反响热烈，也迅速在行业中站稳了脚跟。

深圳速度

转眼到了 2010 年，学而思高中部方兴未艾，马江伟和同事们正干得起劲，这年 2 月，他突然接到一个任务——去深圳开拓分校。彼时，学而思已经在天津、上海、武汉和广州创立了分校。

前三个分校是通过收购形式切入，与当地团队的整合并不顺利，文化理念、团队管理等方面冲突不断。广州分校是学而思的第一个自建分校，但进展缓慢，那时总部对于自建模式还在观望。

从 0 到 1 建一所分校，马江伟也没有多少把握，他想到的第一个办法，就是去前面几位校长那里"取经"，聊了一圈之后，获得不少经验。

那年 3 月，他人还没到深圳，便先在 E 度论坛上注册了一个账号，结识了一批核心家长。随后，他只身前往深圳走访当地机构。他发现那些机构装修高档，环境优雅，老师都很有范儿，看起来非常高大上。在这种情况下，学而思的胜算在哪里？他仔细观察，反复思考之后，发现竞品机构的老师毕业院校很一般。

一个月后，马江伟从北京出发，带了7个清华北大毕业生来到深圳，这种高势能老师迅速吸引了一批高端学生。

那时候，家长带学生过来咨询，他们先做诊断，帮助学生分析学情，再有针对性地推荐班次。一次，一个学生过来诊断，结果十道题一道也答不出来。老师分析之后，告诉家长目前孩子不适合报任何班，建议先回去自学。家长很愕然：在深圳这个商业氛围浓厚

当年，马江伟与团队创造了一个激动人心的"深圳速度"

的移民城市，发生这种事太奇怪了。

高势能的老师，加上与客户的亲密度，让深圳分校快速奔跑起来。那年暑假，深圳分校第一期招到了 540 个学生，秋季班学生很快增长到 897 人，创造了一个"深圳速度"。

到了 2011 寒假，深圳学而思的老师不够用了，马江伟便到处网罗老师。为了尽快推进业务，只要愿意来深圳的老师，他都要，结果来了一批基础很一般的老师，导致深圳分校口碑迅速下滑。后果很快显现出来：2011 年寒假班，深圳分校从 500 多名学生蹿升到 1500 人，但是从寒假班到春季班只增长到 1900 人。

事后，马江伟很后悔，"招生好的时候，人容易过于乐观，如果人才进来时把关不严，未来是很难培养的。"他及时做了调整，深圳分校才又恢复增长。

另一件让他懊悔的事是，在跨区扩张时，他选择了先布点再做密度。其中有两个教学点选得很急，发展很不理想，直到现在也不是很火。

9 年后，再回顾当年那段开疆拓土的经历，马江伟感慨：那时候大家斗志昂扬，冲得非常快，但是他当时没有理解长跑的意义。

不过，激动人心的"深圳速度"，让学而思找到了从无到有的破局之道，也更加坚定地走上了自建道路。

荣光与遗憾

作为一个从0到1的选手，马江伟没有经历过从1到100的阶段，也一直没有机会验证自己是否适合做从1到100的事。

2012年，深圳分校已经崭露峥嵘，他正准备大干一场时，又有了新的任务。彼时，智康经过大扩张之后，刚进入恢复调整期，需要有人重新接管，马江伟成为合适人选。

两年后，互联网教育浪潮来袭，学而思成立未来产品部，马江伟又投入到新产品孵化中。在大海项目短暂停留之后，他转而负责海边项目。海边两年，他们一度站上互联网教育的浪潮之巅，但很快下来了，这段经历为他和团队带来过荣光，也留下了遗憾。

事情要从2014年6月说起。此前，海边主要探索线上培优小班，迟迟没有打开局面。马江伟等人接手后，试图寻找一种面向未来的在线教育模式。

一天，张邦鑫提出了双师模式的设想：有没有可能把一个老师的"教"和"辅导"角色拆分开？让优秀老师负责"教"的环节，有责任心的老师完成答疑和练习的"辅导"环节？

这是一个十分大胆的想法，行业里几乎没有人做过。马江伟和团队很兴奋。一个月奋战之后，海边第一次"直播＋辅导"公开课上线，学员反响超出预期，续报率一度达到90%，高出同行三四倍。

创新的喜悦点燃着每一个海边伙伴，他们像一支所向披靡的战队，不停地冲锋陷阵。2015年暑期，海边招生突破4000人，一周后迅速达到5000人，当年12月底学生规模破万。2016年3月，海边成为独立事业部。正当他们憧憬着突破5万人、10万人时，危机已经暗流涌动。

海边的快速成长和高调做派，不时刺激着学而思网校。彼时，这个互联网教育老兵，正在寻找转型出路。海边模式，让它决定背水一战。2015年，学而思网校全面转型"直播＋辅导"，与海边全线开战。网校转型之快让海边措手不及，加上网校拥有技术、人效和品牌优势，最终海边在这场比拼中败下阵来。

海边开创了影响整个教育行业的双师模式，但是自己没有机会走下去。前浪，被更勇猛的后浪拍倒在沙滩上。

几年后，我们再次触及这个话题，马江伟仍然感到遗憾，"开始不对的东西，终归还是不对，千万不要觉得大了以后就能解决。"比如人效问题，当时海边为了跑得更快，忽视了人效问题，他们觉得可以留待以后通过产品迭代来解决，其实这是个伪命题。

太高调也是他觉得不对的地方，海边曾经为了竞争，与学而思网校打起口水仗，总想压制对方，却忽略了产品的不断创新和健康度。

这段临近成功而又跌倒的经历，带给马江伟很多反思。他学会了谦逊和低调，学会了控制节奏，学会了从"因"的层面思考问题，而不只关注"果"。

对整个海边团队，这都是一段刻骨铭心的经历。但是不管怎样，海边的锐意创新像鲶鱼一样搅活了学而思，也搅动了整个行业。

变化接踵而至

2017 年，集团成立学科产品部，主要负责产品策略研究，为事业部提供问题诊断、竞品调查和决策支持，马江伟成为负责人。

学科产品部，其实是中台化的初始阶段。从前台转中台，马江伟很不适应。过去在前台，如果有个决定，直接干就行了。但是在中台推事情，需要大量协调，常常好几个回合下来，才能往前推进一步。相比前台的勇猛，中台需要更多的耐心。

一段时间过后，马江伟逐渐感到中台的意义——如果说前台是做加法，中台就是做乘法，很多东西是"为未来而生的"。

在学科产品部不到一年，马江伟又换岗了。他的新职位是战略

马江伟创下的万米跑（实际跑道长度 10.6 千米）
成绩 40′ 26″，在学而思至今无人超越

投资部总经理。如前面所见，这匹顽强的"老马"很快适应了新环境。正当他准备全力转型时，几个月后的 2019 年 3 月，他又接到了一项新任务：开拓学而思美国分校。

这是学而思海外战略的开端，相比 9 年前开辟深圳分校，在异国他乡开疆拓土更为不易。

"你的内心有没有感到恐惧？"我问。

"恐惧的底层来自未知。我在国内是完全打开的，去哪儿都很适应。但是美国很多东西充满未知，必然会恐惧。"马江伟说。

"那你如何应对恐惧?"

"承认恐惧,会更坦然。一旦确定,就不磨叽了。"

"这些年你经历过很多调动,怎样看待变化?"

"调动一定是站在组织的最优解(考虑),但不一定每次都是个人的最优解。如果每个人都去想个人最优解,组织就没有最优解了。相信所有变化最终都是好事。"

现在,他已经在美国开启了新征程。

第六章　名字的由来

　　"学而思"的名字，总会让人与孔夫子的名言"学而不思则罔"联系起来，去掉一个"不"字，既"学"且"思"，自然就"不罔"了。然而事实上，"学而思"名字的起源与这句名言并不沾边，意旨上的接近只是一个美丽的巧合。

　　"学而思"三个字到底来自何处？恐怕没有多少人能说清楚。在很多人眼中，学而思是一个神秘的存在。如果不是近年节节攀升的股价和市值、频频发力的教育科技产品，以及与教育改革有关的热点话题，学而思可能会继续低调潜行。

　　但是现在，它已然成为教育培训行业的一个庞然大物，所以，是时候做一次正式的自我介绍了。

"学" 的三个层次

　　某种程度上，一个企业的气质就是创始人气质在企业文化层面的投射，马云的阿里巴巴是这样，任正非的华为也是这样。以数学起家的学而思，充满理性气息，像极了理工男出身的张邦鑫。所以，追溯"学而思"三个字的起源，绕不开对张邦鑫其人的解读。

张邦鑫平和内敛、少言寡语，偶尔也会在不经意间抖落感性的一面。

那天傍晚，在黄昏的余晖中，谈起读书的感受，他眉宇间透着雀跃："读书是一件很神圣的事。古人说：'读书破万卷，下笔如有神'；'粗缯大布裹生涯，腹有诗书气自华'……"

大学自由自在的读书时光让他念念不忘。四年间，他读了几百本书，从文学、历史、哲学到社会学、逻辑学，涉猎广泛。那时，他在图书馆一坐一整天，不知疲倦。读书的时候，他感觉像在和古往今来、世界各地的优秀人物对话，喜悦无以言表。浩如烟海的书籍，为他打开了另一个世界，这是他在家乡的江南小镇难以想象的。

他自幼喜欢读书，家中寥寥几本书，他读了十几遍。家境的窘迫，让他从小就懂得了读书的意义。他依然记得，很多年前父亲跟他讲："三更灯火五更鸡，正是男儿读书时。黑发不知勤学早，白首方悔读书迟。"他学习一直很用功，高中毕业后考上了四川大学生物系，后来又考取北京大学硕博连读研究生。

上了大学以后，他感觉精力无处释放，常常泡在图书馆里如饥似渴地阅读，还会跑到数学系蹭课，逐渐对数学和哲学产生了浓厚的兴趣，从而奠定了他的哲科思维。后来思考公司战略时，他常常从人类社会发展的角度、从生产力和生产关系的角度看问题，这让他的目光比很多人长远。

四川大学图书馆

学生时代的张邦鑫书不离手，父母叫他"书呆子"。他不服气，开始思考如何把读书所学与实际生活结合起来。他也看到很多学校里的好学生走上社会之后变成了差生，他不希望自己成为那样的人。

所以，他时刻提醒自己要虚怀若谷，保持空杯心态，这样才能不断进取。其实，他很早就明白"天外有天，人外有人"的道理。上初中时，当他听到语文老师讲"见贤思齐"时，很是震撼。他觉得能够向那些贤能人士学习是一件多么美好的事，他满心向往。这也让他跳出了对学习的原有认知——不仅要向书本学习，还要向一切人学习。

与人交往时，他总是听得多说得少，他常常含笑不语聆听对方，从中捕捉有价值的东西。但凡他觉得有启发的地方，都会虚心接受，然后落到行动上。他的学习能力极强，和他打过交道的人大多会有这种体会——每隔一段时间，他的认知就会完成一次更新迭代。

从北大中途退学创办学而思之后，张邦鑫发现自己阅历太浅，对管理、运营、市场、社会关系很多东西都不懂，要学的地方太多了。他逐渐意识到社会是一所真正的大学，万事万物都有其运行规律。

随着时间的推移，他对学习的理解也越发深入，逐渐总结出学习的三个层次：向书本学习，向一切人学习，向一切事物学习："向书本学习是学习知识，向一切人学习是学会做人，向一切事物学习是向万事万物汲取营养，所谓一叶知秋，看到一片叶子落下来，便知道秋天来了，是一种很强的洞察力。"

受其影响，学而思的学习氛围一直很浓，大家在一起谈论最多的就是读了什么书、上了什么课、见了什么人，总之都与学习有关。

十多年前，白宝印来学而思当保安，他一来就被周围人的状态吸引了：财务老师在准备财会考试，前台老师在练习咨询业务，教研老师在钻研教学大纲……在这种环境下耳濡目染，白宝印也学了起来，他很快就通过每天背诵招生简章学会了咨询业务，随后又自学电脑知识，成为了网络服务中的骨干。

这种通过学习逆袭的故事，在学而思比比皆是。

好未来智慧教育总裁王伟，加入企业之初只是一名教务，出于对教师这个职业的向往，苦练授课本领，前后试讲十多次，终于达到教师的录用标准，登上了讲台。

"邦鑫老师是我们的榜样，我们自学都是从他那边带起的一个风潮。他本来学生物，对互联网感兴趣就自学计算机，天天钻研网站，早期的页面动画都是他设计的。"好未来资金管理经理徐麟回忆。

一个内部流传很广的故事是：张邦鑫考上北大之后，第一件事就是买电脑，然后3天看完一本编程书，7天开始写代码，不到1个

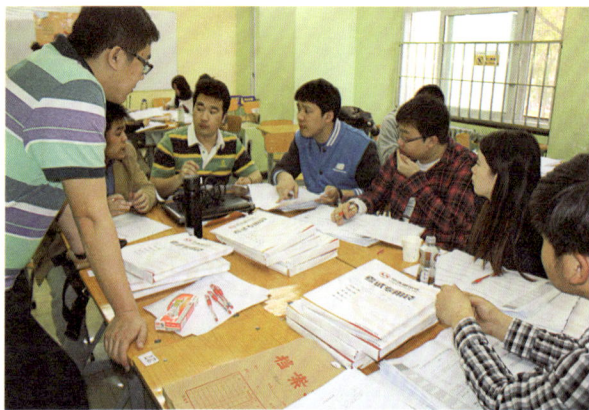

学而思老师通过集体备课相互学习、共同进步

月建立了个人站，随后在"非典"期间创立了奥数网。

　　学而思的互联网基因也与此有关，与很多教育机构不一样的是，学而思长期坚持探索教育与互联网结合，虽然历经艰难，但推出的高清视频、"直播＋辅导"模式对行业影响很大。在张邦鑫看来，跨行业学习很重要，行业交叉处容易产生创新。

　　每年，他至少去硅谷两次，拜访全球领先的科技公司。他把互联网行业的产品创新做法带到了学而思，在做一款新产品时，他们会从世界范围内把能看到的竞品都研究一遍，他把这个过程称为"独上高楼，望尽天涯路"。

　　这位80后创始人长期保持着清教徒般的自我克制和严苛，与此同时，他又是一个爱折腾的CEO，常常通过不同的方式逼迫自己和公司走出舒适区。

　　2010年8月，他在邮件中提出"学而思人不可一日不学习，不可一周不反思"，要求高管以周报形式把学习和反思的内容向团队分享，这个传统很快从高管扩散到干部和员工中，成为学而思的标准动作。

　　在一次给新员工的信中，他这样写道："在这里，你必须非常虚心、每天学习才能跟上企业发展的节奏。如果慢一点，也许你一时没有感觉，但几年后因为学习的差距，两个原本'不相上下'的人会变成'天上地下'。"

近年来，学而思发展迅猛，一跃成为国内市值最高的教育机构。组织的快速成长，带来了风险和挑战。张邦鑫担心，如果组织只长身体，不长脑子不长心，是很危险的事情。为此，他和高管们做出了一个规定——学而思的干部晋升必须有转岗经历，部门负责人任期最多两届，他希望通过这种方式倒逼员工不断学习新东西，激发组织的活力。

学而思的员工也已习惯了这种折腾。前不久，学而思网校研发总监张国辉在十年司龄典礼上感慨："过去十年，每一年都有特别多的压力和挑战，总认为现在是最难的时候，结果总是发现接下来一年更难，这样的折磨逼迫你不断突破自己，这么多年下来，什么事都能做了。"

"思"的三重含义

学而思 2003 年创立，但直到 2006 年还没有名字。一天，刘亚超送给张邦鑫一本名为《学习改变命运》的书，张邦鑫给它对了个下联："思考成就未来"，于是决定公司叫"学思"，由于读起来拗口，便加了一个表递进关系的词叫"学而思"，寓意学习和反思。

相比"学"的主动，"思"的形成有些"被动的主动"意味。在学而思的文化语境中，"思"更多代表反思。

"我们每个人每天都会遇到很多喜怒哀惧，它们让我们心中蒙上了灰尘。我们每天都会洗脸，但很少去洗刷心里的灰尘。"于张邦鑫而言，反思是一场心灵解压，既让他放松，又带给他能量。否则，很多东西积压在心里迟早会出问题，这缘自他的一次亲身经历。

高中时，他由于学习压力太大患上了神经衰弱，看了很多医生也不见好转。大学期间，他听选修课的老师讲解弗洛伊德的精神分析理论，就主动跟着老师学习，慢慢把自己的神经衰弱治愈了。在这个过程中，他学会了观照内心和审视自我。

其实，反思的种子早在少年时期就已经萌芽。初中语文课上，他第一次听到"吾日三省吾身"时，特别受触动，他觉得曾子每天这样反省自己的所作所为，太了不起了。这个叛逆的少年，想起自己干了那么多"坏事"，更应该好好反省才是。多年后，这句话成为他人生的一个原则。

现在，反思已是他每天的"必修课"。无论多忙，他都会让自己静下来想想：做对了什么，做错了什么，还有哪些可以做得更好。他享受这样的时刻，一个人面对真实的自己，审视自己的好与不好，然后接纳它们，改善它们。

随着阅历的加深，张邦鑫越发感受到反思的力量，他意识到反思最有价值的部分是把消极因素转化成积极因素。这一认知，是从

每个中学生都应该读的书

学习改变命运

关于学习和人生的全国巡回演讲录

李晓鹏 著

新世界图书出版社

《学习改变命运》一书

挫折和打击中得来的。

故事还要从 2004 年冬天讲起。那时学而思学员刚刚突破 1000 人的"生死线"。然而，一个寒冷的冬夜，两个当时最牛的老师带走了 200 多个最好的学生。

这对刚见起色的学而思可谓沉重一击。那年，张邦鑫 24 岁，他从未见过这样的阵势。当时学而思没有多少老师，最好的老师带走了最好的学生，其他老师会不会跟着带走学生？机构还能不能存活下去？一系列问题让他寝食难安，也在焦虑中陷入思考。

"我们可以说那两位老师不顾职业操守，但事实上我们跟老师之间没有任何协议和制度约束。"张邦鑫反思，这件事让他们意识到管理中的漏洞和对老师工作生活状态的忽视。创业初期，这些老师和创始人一样，每天从早上九点钟忙到晚上十一点，太辛苦了。

从那以后，他们开始注重人力资源建设，与每位老师签订劳动合同，并且重新梳理管理体系，按教研、教学、学科分工，进行矩阵化管理，这样老师们不那么累了，效率也更高。

而 2007 年夏天的同行挖角，则让这种反思的基因进一步强化。

当时，北京最大的一家培训机构融资 2000 万美元，挖走了学而思 5 个核心老师，而且很可能挖走更多的老师。这对学而思冲击很大，他们一度想正面迎战。那时，学而思规模虽然没有对方大，但是满班率高，营销成本几乎为零，如果挖对方老师，也不是不可能。但张邦鑫转念一想：如果一个老师多给些钱就被挖过来了，那他对企业没有忠诚度可言，是很悲催的事。与其攻击别人，不如从自身找问题。

起初，学而思只想做一个小而美的公司，仅在北京海淀区开了 7 个教学点，招了 1 万多名学生。公司规模小，工资涨幅和岗位提升很有限，核心老师成长空间不够。

"我们那时只关注到少数人的利益，觉得公司有收入，有利润就行了，却忽视了那些一路跟随我们的老师，你要留下他们，一定要考虑他们的发展。"张邦鑫回忆。这迫使他们开始思考扩张、融资、上市这些从未考虑过的问题，思考如何做强做大。

除此之外，他们还做出两个决定：一个是全面改善薪酬体系，增加教师的涨薪频次，为他们设置成长通道；另一个是成立师资培训学院，这样一旦有老师离开，很快就能有人接应上来，这两项举措保证了学而思教师队伍的稳定，从当初几十名、几百名老师到今天上万名老师，学而思再也没有出现过体系式的冲击。

在教育培训行业打拼多年，张邦鑫目睹过很多机构的沉浮。在这个风云变幻的江湖中，危机无处不在，生存成长实属不易。作为

张邦鑫在给员工分享学习与反思的文化

学而思创始人，他时刻保持着一种危机嗅觉和反思意识，这让学而思常常能够及时发现危险，比如 2011 年那次"大跃进"。

2010 年，随着学而思、学大、安博、环球雅思 4 家教育机构赴美上市，资本潮水般涌入，整个行业开始狂飙突进。无论是已经上市，希望和第二梯队拉开距离的学而思、学大等机构，还是拿到融资、冲击上市的教育机构，甚或是行业老大新东方，大家都在加速扩张。

当时学而思打出"百亿学而思"的目标，大量铺设教学点，不停地招收老师和学生。在扩张巅峰期，每季度收入增长 60% 左右，员工总数从 2000 人激增到 6000 人，但利润率锐减，口碑也在下滑。

很快，张邦鑫和部分高管觉察到"大跃进"带来的隐患，于 2011 年秋天停止了扩张，全体高管在北京香山开了三天会议。会上，大家纷纷批评集团的冒进，一致同意"管理增长"，把"百亿学而思"的目标改为"百年学而思"。当年年底，张邦鑫提出"让教育回归教育"，重点关注健康数据，"如果师资教研跟不上，宁可不增长"。

一个有意思的现象是，在日后漫长的征途中，学而思的每次成长，几乎都是由在挫折和打击中的自我反思带来的，"很多时候，挫折或打击都是时间的礼物，它的包装可能很丑陋，但是当我们打开它的时候，未必不是另外一个惊喜。"张邦鑫说。

第七章　**教育理念缘起**

如果说教育是一条滚滚向前的大河，那么理念就是大河之下缓慢、平和、细水长流的力量。理念可以很抽象，也可以很具体，可以很宏大，也可以很幽微，但无论通过何种载体以何种形式表现出来，它都是一家教育机构的灵魂。

那么，当我们谈论学而思的教育理念时，到底在谈论什么？它以理念驱动的第三次变革是什么？它是如何从对"教"的打磨转向对"学"的关注的？如何从对"教书"的追求转向对"育人"的思考的？又是如何激发每一个独一无二的孩子？

关于这一系列疑问，张邦鑫在 2012 年一次有关教育理念的内部员工分享会上，已经给出了答案。虽然今天看来当时对教育理念的阐释并不完美，有些地方可能也不太严谨，但它是学而思在教育理念层面迈出的第一步，此后随着时代变迁，学而思的教育理念也在实践中不断迭代演化、发展向前。

下面五篇文章，是根据张邦鑫 2012 年的分享实录整理而成，分为三次变革、学习动力、学习环境、学习能力、习惯品格五部分。

教育理念：驱动学而思第三次变革

最近半年（编者注：2012 年），我们在进行学而思发展史上的第三次方向调整，这也是学而思推动行业的第三次进步。

在中国，学而思并不是最早做小班教学的。早在 20 世纪 90 年代，培训机构刚刚出现时，几人或十几人规模的辅导班就已经产生了。但在行业内部，大家公认学而思是中国小班模式的创新者，是因为我们把这个模式规模化了。

规模化的同时，学而思第一次创新了小班授课模式。

第一，小班教学。20 个学生一个班，报不上班也不随便增加名额。

第二，开放课堂。我们把培训机构和家长之间的"墙"拆开了，把家长请进了教室，他们可以坐在后面旁听。在此之前，几乎没有机构这样做，直到今天，很多机构也没有做到。

第三，随时退费。如果第一次课不满意可以全额退费，在三分之二的课程结束前可以按比例退费。

第四，有针对性地教学。根据学生的知识水平，安排不同的班次。请有经验的教师负责统一教研，学生不管在哪个教学点、哪个

学而思在业内创新性地推出小班模式

老师的班上上课，学习内容都有保障。

第五，聘请知名大学本科生和研究生授课。

这么简单的几件事在当时引起了很大轰动，尤其开放课堂和随时退费，会给学校带来很大的财务风险。但是通过创新小班教学模式，我们推动了这个行业的透明化，把退费压力留给自己，把投票权交给家长，逼迫我们自己狠抓教学质量。

更重要的是，我们改变了这个行业的人才结构。原来培训机构主要聘用学校老师做兼职老师，而我们更多是招聘培养大学生进入这个行业。截至 2010 年年会时，学而思拥有硕士以上学历的教职员工超过 700 人。对一家机构而言，这在全国都是少有的。现在，教育培训业已经吸引了成千上万个毕业于 211、985 大学甚至北大清华的学生。

所以，2003 年我们刚做学而思的时候，通过独特的模式，给行业带来了第一次推动，让这个行业变得更规范、更透明、更有利于教学质量的提升和优秀人才的进入。但是，坦白地说，也正是因为这个模式还不错，接下来好几年我们都躺在功劳簿上，没有做更多的创新。一直到 2009 年，我们才意识到问题，开始有危机感——很多机构都在学习我们，我们需要继续创新，因为行业和社会都需要创新去推动。

第二次变革是真正加大教研投入。随着时间的推移，我们对教育的理解逐渐加深。我们发现要想取得良好的教学效果，不仅需要优秀的老师、专业的讲义，还要有生动的素材，让学生易于接受，这也是我们所说的趣味教育。

于是，我们成立了教研学院，把教研成果和 IT 成果结合，投资数千万元推出 ICS（智能教学系统），在行业内部引起不小的震动。

2011 年，我们又推出 ICS2.0，把静态 PPT 升级为动画课。为使教学体系连贯统一，我们还专门投资数百万元开发了大型动画片《摩比传说》。

当然，在一系列尝试中也存在很多问题。ICS2.0 在有些年级取

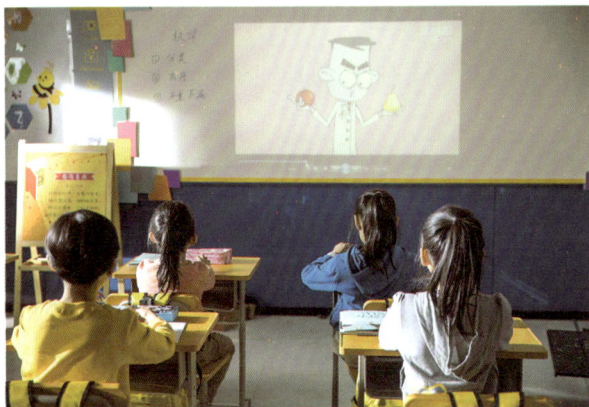

2011 年学而思推出 ICS2.0，把静态 PPT 升级为动画课

得了很好的效果，但是在高年级效果不够显著。应该说，第二阶段我们是在曲折中前行。

这几年，学而思在新模式、新技术、新观念方面走在行业前列，通过我们的努力，这个行业开始有些技术含量了。当然，第二次变革还在路上。

第三次变革，是教育理念调整。这么多年，我们一直在讲"教不好学生等于偷钱和抢钱""讲课不好就是人品不好"，我们总是在强调老师讲课要好、服务要好、环境要好……但是学生有没有掌握知识，就是他们自己的事了。

这个问题说明学而思只是致力于解决"教好"的问题，不管"学好"的问题。老师讲得好，但是学生可能走神了，或是家庭教育没跟上，或者是校风问题……最后没有学好，我们认为这不是自己的问题。其实，作为教育工作者，我们要真正帮助学生学会学习和思考，最起码也要找到他们学习效果不好的症结所在。

在这里我要跟大家探讨一个问题：

大家算一算一个学生一周有多少个小时？

——7*24=168个小时

但是我们一周给他上几个小时课？

——只有3个小时

请大家思考一下：一周168个小时，他在我们这里只学了3个小时，我们如何能够帮助到他？必须借助这3个小时以外的力量。

通过3个小时的上课时间，我们不仅要教会他知识和方法，还要改变他对学习的兴趣，改变他的行为习惯和思维方式。我们看到，一个学生在这里上了3小时课，学会了如何复习，学会了每天回家先复习后做作业；一个学生养成了爱阅读的习惯，逐渐爱上了学习，周一到周五的校内学习效率显著提高……这就是3小时创造的价值。

事实上，很多家长之所以愿意把孩子送到学而思，是因为他们看到很多学生在这里成绩提升很快，但这只是结果。有时候，他们花了钱和时间，可能仍然解决不了孩子的问题。

花钱花时间给孩子报班，甚至报 1 对 1 的班，只能解决找好老师教的问题，但孩子要想真正吸收知识，至少还面临三个制约因素，它们会严重影响孩子的学习效果：

第一是学习动力。说到底，这是孩子爱不爱学、想不想学的问题。有的家长只知道请好老师给孩子灌输知识，但忽视了激发孩子的学习动力。孩子对学习既没有兴趣，也没有信心，更缺乏乐趣、成就感和积极的人生目标，当然学不好。

第二是学习环境。如果一个孩子有好老师教，也愿意学，但是他的圈子不支持，也不行。比如家里没有单独学习区域，父母打牌每次三缺一都叫他，周围朋友上课都不认真听讲，那么他很难学好。

第三是学习能力。如果一个孩子学习方法不对，比如不会复习，每次都是对着课堂笔记做作业，或者一边学习一边听歌，那么也很难学好。

这三个因素，也是学而思教育理念的主要着力点。在教学实践中，我们或多或少也在运用这些理念，其中很多始于 2003 年，但是不够体系化。最近我们开始系统地研究教育理念的问题，对学习动力、学习环境、学习能力做了详细梳理，力求实现课外 3 小时与学校 5 天的乘法效应。

学习动力：一个人进步的内因

　　如果非要给学习动力、学习环境和学习能力这三个因素排序，我认为学习动力是第一位的，它是一个人学习的内因。

　　在讲学习动力之前，先分享一个小故事。我有一个好朋友，家庭条件比较好，孩子也很聪明，但是给他报辅导班、请家教，进步都不明显。我接触之后，一聊发现他的孩子一直在疑惑"为什么要学习好"的问题。孩子觉得自己学习好与不好没有区别，在他的认识中，那些学习好的学生不少是"喜欢拍老师马屁的人"，所以他不想和他们一样。加上家庭条件很好，他觉得将来不管上什么学校都可以找到一份好工作，学习好也带不来成就感，所以他没有学习动力。

　　那什么是学习动力？它由四部分组成：兴趣、信心、成就感和榜样。

兴趣：帮助孩子打开世界

　　一个学生如果连学习兴趣都没有，那么他很难学好。其实这不能怪学生，大部分时候学生缺乏学习兴趣，是老师教学枯燥所致。

分享一段我自己的学习经历。我上小学时特别讨厌语文，因为语文老师每次布置作业，无非是在课文中挑出词汇，让我们抄写二十遍。那时，我把两三支铅笔绑在一起抄写，抄到最后很崩溃，干脆不写了，所以我的语文成绩一直不好。

后来，有一件事改变了我的语文成绩。一次，学校组织拔草活动，我跟班上语文最好的同学分在一起，便请教他怎么学语文，他告诉我"可能武侠小说看多了"。我心想，还有这么好的事情，便向他借了很多武侠小说，燃起了阅读的兴趣，语文成绩果然渐渐提高了。考初中时，他的语文成绩全班第一，我是全班第二，比他少2分。

很多时候，学生的兴趣也会被家长扼杀。比如，很多家长反对孩子看故事书、看动画片、玩游戏，他们觉得那样浪费时间，这些也是当年我父母反对的事情。

这些年，我一直在做跟踪研究，观察了很多孩子。我发现那些学习特别好的孩子，他们也一样会看动画片、玩游戏，但是这些并没有把他们毁掉。这其实是培养孩子自制力的问题。反过来看，一个学生离开了这些会变成什么样呢？让他做自己不喜欢的事情，他只会讨厌、抵触，然后趁大人不在时偷偷做这些事情。

为人父母，你可能非常希望孩子有一个很好的阅读习惯——很

孩子们对于喜欢的事物充满兴趣

多顶尖人才都有每天阅读的习惯，但是培养孩子的阅读习惯非常难。随便拿一本名著或者散文给他，孩子不容易看进去。你让他自己挑一本，很可能是故事书。你让他选自己想做的事情，很可能是看动画片或玩游戏。或许你觉得这些对他没什么帮助，其实只有这样有趣的情节，他才会感兴趣。

故事书、动画片对孩子的大脑发育，相当于鸡鸭鱼肉对他身体营养的补充。很多家长希望孩子身体健壮，会给孩子买很多好吃的；那么一个孩子小时候多积累故事书、动画片这些素材，对他内心世界的丰富、思维模式的健全是非常有帮助的。

孩子没有丰富的社会圈子，也不太了解这个社会，动画片很多时候塑造了他们最初的价值观。小时候，我看过的那些动画片到现在还影响着我：《雪孩子》让我看到人世间的爱，《葫芦娃》和《黑猫警长》让我知道正义最终会战胜邪恶，《机器猫》让我拥有梦想，《圣斗士星矢》时常给我内心带来力量……小孩子容易接受这些东西，他们是通过动画片认识这个世界的。

现在也是如此。很多学生的地理知识是从《赛尔号》学来的，很多学生对三国时代的了解是从玩《三国群英传》游戏开始的。你让他认真看书，他常常不愿意，动画片、游戏才是他喜闻乐见的形式，前提是你给他看的东西是健康的。

当孩子通过漫画、童话、趣味故事书把信息量积累到一定程度之后，自然会转向那些更高雅的读物。当他看了几十本《安徒生童话》之类的书之后，也许突然有一天他会打开《钢铁是怎样炼成的》。

反之，我们用极限分析法，把一个孩子从小关在一间屋子里，天天给他吃各种好吃的东西，那么他长到20岁仍然是一张白纸，什么都不知道。如果把一个孩子通过故事、动画片、游戏、社交等了解世界的渠道切断了，他同样很难有所成长，这是非常可怕的。如果你给孩子保留社会交往，那么他只能从别人身上学习。在这个信息时代，他获取信息的渠道会比别人少很多。一个孩子一旦离开了这些渠道，只能按照家长的意愿学习，那么他就不容易产生形象思维，不容易有丰富的内心世界。

信心：递给学生一把椅子

前面提到我小学语文后来学好了，其实还有第二个原因。我上小学五年级时，我们县的一个民办教师把他们班的好作文收集起来出了一本书，我至今记得书的名字叫《幸福的小芽》。其实，这本书里的文章都还是习作，我就觉得这种水平都可以出书，是不是自己也可以写书？原来我不敢写文章，从那以后敢写了。

那时，我的作文得分总是不高，但我觉得只要坚持写就会出成果。后来果然如此，我参加作文竞赛获得了市级奖项。

告诉大家一个我的研究发现：很多学生的信心是在学习中被打击掉的，真正重视保护学生信心的老师不太多。

一个好老师一定要时时刻刻维护学生的兴趣和信心。我刚教书时，看到人大附中考过这样一道题：

$$\frac{1}{1\times 2} + \frac{1}{2\times 3} + \frac{1}{3\times 4}\cdots\cdots + \frac{1}{99\times 100}$$

这个题用到的是裂项知识，符合专家所说的"让大部分孩子一次次证明自己是傻瓜"的理论。其实不只数学如此，物理、化学很多定理、公式的发现都是如此。

我问过无数学生，还没听说过哪个学生第一次在课上看到这个题目就会用裂项解决的，我自己也是如此。所以，我们做老师的要知道，一个学生拿到一道新题，一看不会做，心里是有挫败感的。

跟大家分享一下，我是怎么给学生讲裂项知识点的："同学们，我们先来看这样一道题：

$$\frac{1}{1\times2}+\frac{1}{2\times3}+\frac{1}{3\times4}+\frac{1}{4\times5}$$

这个题目很多同学用通分算法，很快就算出来了。随后，我跟大家讨论了这个题目的第二种解法：

"这种知识的题，人类是这样发现的：我们先看一个通分 $\frac{1}{2}-\frac{1}{3}$，$\frac{1}{2}-\frac{1}{3}=\frac{3-2}{2\times3}=\frac{1}{2\times3}$。在若干年前，有一个很无聊的人，他在做通分时，突然发现 $\frac{1}{2}-\frac{1}{3}$ 正好可以写成 $\frac{1}{2\times3}$。当一个人无聊到极点的时候，他也会把数字颠来倒去地看，所以他发现 $\frac{1}{2\times3}$ 可以写成 $\frac{1}{2}-\frac{1}{3}$。那么这就意味着 $\frac{1}{3\times4}$ 也可以写成 $\frac{1}{3}-\frac{1}{4}$。

所以，$\frac{1}{1\times2}+\frac{1}{2\times3}+\frac{1}{3\times4}+\frac{1}{4\times5}$，可以拆解成 $1-\frac{1}{2}+\frac{1}{2}-\frac{1}{3}$

$+\dfrac{1}{3}-\dfrac{1}{4}+\dfrac{1}{4}-\dfrac{1}{5}$。我们很惊喜地看到，中间项全部抵消了，最后就剩下 $1-\dfrac{1}{5}=\dfrac{4}{5}$，这个解法就出来了。

我让学生用我的方法重新来做这个题目 $\dfrac{1}{1\times 2}+\dfrac{1}{2\times 3}+\dfrac{1}{3\times 4}\cdots\cdots+\dfrac{1}{99\times 100}$，结果大部分学生解出了答案。

我接着说："刚才老师让你思考五分钟，你没想明白，一点关系都没有。你知道这么简单的一个题目，历史上无数人想了一辈子也没想明白，但是你五分钟就听明白了。所有的科学知识都是这样，

帮助学生树立信心，会收到意想不到的效果

无数数学家、科学家终其一生也就研究出一两个规律，比如祖冲之研究一辈子圆周率，也只搞清楚了小数点后的七位数，但是你五分钟就掌握了这么难的一道题，多么了不起！"

所以，不管你讲哪个学科，都必须一点点破解，否则学生接受这些知识点时，因为不是他自己想出来的方法，他会受到打击。我们要告诉学生，很多人一辈子只想出了一个公式，但是今天的他们有更加重要的使命——一辈子要学习无数公式，所以他只需要花很少的时间学习，就能站在前人肩膀上继续探索，甚至超过这些科学家。

有的学生上完一节课还是不会做，不是因为笨，也不是题目本身难，而是因为他学习的是前人浓缩的精华。这样，他的成就感会逐渐积累起来。

大家注意到没有，我讲的是这个题：

$$\frac{1}{1\times2}+\frac{1}{2\times3}+\frac{1}{3\times4}+\frac{1}{4\times5}$$

让学生自己去做的是这个题：$\frac{1}{1\times2}+\frac{1}{2\times3}+\frac{1}{3\times4}\cdots\cdots+\frac{1}{99\times100}$。

这样，学生做出这个题时，通常会觉得是自己做出来的。

如果学生想爬上桌子又很难，老师最好的方法不是把他抱上桌子，而是悄悄给他递一把椅子。他第一步跨到椅子上，突然发现自己再跨一步可以爬到桌子上，当他爬上去了，会充满欣喜地说：看，我自己爬到桌子上了！

老师的成就感来自于这种默默的甘为人梯、没有炫耀的付出。让学生超过老师，也正是教育的意义和老师的伟大之处。

成就感：将影响孩子学习与人生

培训老师时，我们经常讲，学生是学习的主体，要让学生成为主人，让他通过你的引导自己探索出知识，而不是直接教给他。所以，做老师不能只顾自己讲课爽，而要通过互动让学生爽。

这一点对家长同样适用。有的家长也会跟孩子抢成就感：一次老师提问，学生都在思考，突然一个家长举手了；也有的家长坐在孩子旁边，看到孩子不会做，一会儿指点一下，一会儿替孩子写两笔，孩子还不会，他就着急了，骂孩子"笨蛋"。这就是家长不给孩子成就感，只顾自己的感觉。

很多家长喜欢上课记笔记，回去之后如果孩子不懂，他可以再给孩子讲一遍。其实正好弄反了：家长不仅不要给孩子讲题，而且应该让孩子给家长讲题。

这样做有两个好处：第一，孩子遇到不会的问题，可以问同学，也可以问老师。请教别人，是培养孩子的沟通能力和向一切人学习的能力。

孩子请教别人的时候，可能会觉得不好意思，尤其是被拒绝的时候，这其实没什么大不了。我小时候很愿意给别人讲题，感觉跟别人分享是件快乐的事情，所以请教别人也从不含糊。有个成绩好的同学不愿意分享，我还厚着脸皮请教他。有同学不理解，我说反正难受的又不是我。

第二，孩子能给父母讲清楚，一定是自己深刻理解了，而且越讲越有成就感，也锻炼了口才。孩子的学习动机，很大程度来自与人分享知识以及由此带来的成就感。

我们在课间也会请同学讲题，一般给会做的同学布置一个任务——必须把别的同学教会，也给不会的同学一个向别人请教的机会。任务完成后，我们给每个人发一个积分卡。我们每两节课或三节课会安排这么一个任务，这是一个非常重要的教学方法，它会增进同学之间的交流学习，增加大家的课堂参与度。

我自己对此深有体会。我的父母都是很朴实的农民，父亲小学五年级毕业，母亲小学二年级水平。在我很小的时候，他们就跟我说：我们教不了你什么，你不会的去问老师。我只能自学或请教别人，否则没办法获得知识。

长大后进入社会，我才意识到，父母不给孩子讲知识，真的也不会耽误孩子。父母一定要放弃对孩子的控制，不要什么事都帮助他，你能帮助他的地方在于，成为他为人处事的表率。在学习问题上，家长一定要培养孩子的成就感，不要把自己的成就感凌驾于孩子之上。

再比如定目标，假如一个班 50 人，一个孩子在班上是 15 名的水平，家长通常喜欢这样给孩子定目标：考到前 10 名，奖励你一辆小汽车；考到前 5 名，带你去三亚玩；考到前 3 名，带你去美国玩。如果考第 1 名，简直要带孩子上月球了。

学习本来是孩子自己的事情，结果变成了父母给定的目标，这就弄反了。以物质奖励和绩效考核来管理孩子，对孩子的成就感破坏极大，它把一个无价的东西变成有价的东西了。当父母不能给孩子奖励时，他为什么还要为父母的目标努力学习呢？这是最大程度地扼杀孩子内在学习动力的手段之一。

其次是目标设置的合理性。我跟很多家长探讨过这个问题，发现大多数父母给孩子定的目标都会略高于孩子的实际水平。假如一个孩子上次考到 15 名，大部分家长给他定的目标在 10-15 名，几乎所有家长都期望孩子下次考试比上次好。那么，有一半左右的家长该失望了，因为有人进步就有人退步。如果这样定目标，家长们在无形中又一次拿走了孩子们最宝贵的几样东西：兴趣、信心、成就感。

最好别设定目标，如果一定要定目标，那么定低一些会更好，比如 20 名，这样孩子不会有太大压力。你要让他即使发挥失常，仍然在家长面前很有面子。这样他即便考到 18 名，依然超出你的期望，他依然很有成就感和自信。家长请放心，他才不想考 18 名呢。他心里想的和你一样，是高于上一次的成绩。但那是他心里的目标，而不是你强加给他的。

所以，家长要给孩子尊严，如果表扬他，就多在同学面前表扬他，多在亲戚朋友面前表扬他，让他不只在你面前，而且在其他同学、亲戚、朋友面前依然很有面子，很有尊严。你给他尊严，他会努力去维护。

但是很多家长会毁掉孩子的尊严。有的家长说：你怎么这样，你看隔壁家的小明怎么样，王叔叔家的孩子怎么样。这让孩子觉得他在爸爸妈妈心目中很没有地位。孩子内心的尊严、兴趣、信心、成就感，什么都没了。"别人家的孩子"，成为中国式的教育窘境。

一个孩子如果比较努力，考多少都是正常结果。我读书时，父母从来不跟我谈学习目标，跟我谈的更多的是人生目标和理想，我知道学习是自己的事情，必须自己做好管理。

刘亚超老师讲过一个他自己的故事。他小时候学习很不好，也不听老师的话。一次，老师提问一个课后知识点，依次叫同学们回答，没有一个答上来。碰巧，他前一天晚上看了书后的知识点，等老师叫到他时，他回答对了。老师表扬了他一番，他非常高兴，趁着被表扬的劲儿，回家又复习了当天的知识。他想万一第二天老师再提问的话，自己能够答上来。

果然，老师第二天又提问大家，还是挨个问，同学们又答不上来，轮到他时，他又答对了，老师又表扬了他。从那以后，他不再有侥幸心理，每天回家认真复习功课，后来书后的作业连标点符号都记得一清二楚。他的成绩直线上升，考上了市里最好的中学，后来又考上北大，再后来我们一起创办了学而思。

他告诉我，自己之所以改变就是因为那件简单的事情。有时，改变一个学生命运的通常是一些很小的事情。你给孩子面子，给孩

家长要在鼓励和肯定中培养孩子的成就感

子尊严，给孩子成就感，真的会影响他的一生。

有的家长过于追求完美，不希望孩子走弯路，这样反而不利于孩子发展。什么叫过于追求完美？有的家长希望从孩子上学第一天开始，就是第一名，如果考第二名，回来就得跪地板。最好从小学到初中、高中一路领先，大学进入北大、清华，然后出国，出国也必是哈佛、耶鲁。

我们知道，一个人一辈子会受到无数挫折。假如你的孩子从小学到高中一直都这么优秀，是一件值得担心的事情。有时候长期的优秀会因为没有经受过风雨的洗礼而产生悲剧。跳楼不止富士康频频发生，名牌大学也有学生跳楼。这些学生，有的从小学到高中一直全班第一，到了大学，不能总是第一了，压力非常大。这种压力没有及时化解，结果走了极端。这是多么悲剧的事情。

事实上，一个人的成绩和他的成就不一定完全相关。正如大家所知，近代散文家朱自清考北大时，数学0分，被破格录取；知名学者钱钟书考清华时，数学只得15分。企业家马云第一年高考数学考了1分，他高考考了三年，虽然梦想是北大，但只考上了杭州师范学院。据说，他起初只考上杭州师范学院的专科，由于当年该校外语系本科没招满，部分英语成绩优异者获得了升本的机会，这样马云才上了本科。

可见，成就和成绩不完全相关。考上北大、清华是一条出路，但是不见得只有上了这样的学校，才能成就一番事业。

事实上，那些考上名牌大学的学生，甚至很多高考状元，他们后来取得的成就并不都是那么光鲜亮丽，不少人甚至泯然众人矣。

其实这并不奇怪。打个比方，高考相当于短跑，人生相当于马拉松。50 米、100 米的短跑冠军，跑马拉松不一定比得过一万米的冠军、亚军甚至第十名。

说了这么多，只是想说明一个道理：孩子从小学到大学，如果从来没遇到过沟沟坎坎，不见得是件好事。大家都听过马加爵的故事吧？他其实是个学习不错的学生，曾经得过县里的物理竞赛二等奖，但是没能有效处理与大学同学的关系，最后走了极端，用锤子砸死了同学。

很多时候，我们可能会更重视孩子一个方面的培养，却忽视了其他方面的培养。但是当他进入社会以后，他的发展是需要多方面素质的综合。如果只注重一个方面，长期来看可能会酿成悲剧。

榜样：发现孩子独特的优势

一个人的学习动力有时也很简单，就是他到处看到榜样。学而思是一个很年轻的团队，因为有榜样，有些人成长特别快。这些榜样会带动很多人，大家觉得只要我努力做到了，也一样有机会。

对学生来说，尤其如此。很多学生不好好学习，也是因为没有榜样。他从来没见过学习好的学生是多么幸福，多么有成就感，他从来没有想过一个之前糟糕的学生也一样可以成为优秀的人，所以无法激发内心的动力。

我们准备做一个榜样库，通过视频和文章的形式，把孩子心中榜样的故事记录下来。有一点尤其值得注意：孩子的榜样要多元化。

榜样不一定都是学习好的，也可以是进步快的。比如，一个班

每个学生都有自己的独特优势，老师要善于挖掘

50 个学生，一个学生考了 38 名，但他是从 49 名进步到 38 名的，这就是一个榜样。再比如，一个学生学习一般，但是某个方面有特长，他进入社会以后如鱼得水，最终成为对社会有贡献的人，这也是榜样。

其实，每个人都可以成为榜样，关键是发现自己的独特优势。希望我们的老师花精力发掘学生的独特优势，并且公开表扬学生，将他作为大家学习的榜样，这是对学生自己和同班同学一举两得的事情。遥远的榜样对学生价值比较小，因为接触不到。身边的榜样是最好的，因为学生亲眼所见，亲耳所闻，感受会比较深刻。

另外，我们研究发现一个非常严重的问题：以学习成绩论英雄。中国传统有"万般皆下品，唯有读书高""学而优则仕"的观念，导致不只是教育界，社会上也形成了"读书好能力就强，读书不好能力就弱"的意识。我们很少提到，学习不好的学生进入社会也可能有很好的发展。哈佛大学教授加德纳的多元智能理论对此有很好的阐释，虽然目前在我国应用和实践有限，但是榜样的多元化非常重要。

学习环境：潜移默化地塑造人

坦白地说，如果一个学生有足够的学习动力，学习环境不是问题。但是人会受到环境影响，环境有时候也会反作用于学习动力。学习环境主要包括家庭环境、学校环境和社会环境，这三个环境对孩子的影响是巨大的。

家庭环境：身教重于言传

什么样的家庭出什么样的孩子，家长有什么样的价值观，持积极心态还是消极心态都会严重影响到孩子。一个消极的家长教育不出积极的孩子；父母爱抱怨，孩子没有不爱抱怨的；父母对人不礼貌，孩子很少会对人礼貌，因为他觉得这个社会本来就应该这样。

父母给孩子讲什么道理也没用，身教远远重于言传，那是对孩子潜移默化的影响。如果孩子学习时，大人在旁边看电视，孩子会想：为什么我要学习，你们可以看连续剧？小时候，爸妈不让我看电视，他们自己也不看。要想让孩子读书，自己也陪着看书，这是

父母的言行举止潜移默化地影响着孩子

最好的示范。

家长自己看的书也要注意。我去过一些家庭，书柜里像样的书没有，倒是有一堆杂七杂八的杂志，都是些花边新闻，甚至是不健康的内容。往往家里有什么书，孩子就会翻什么书，这对孩子的引导非常直接。

孩子最早是通过父母了解这个世界的，想让孩子养成良好的习惯、积极的心态，父母一定要自己先做到。说到这一点，我再跟大家深入介绍一个发现：教育的"双环理论"。

我在研究父母如何教育孩子的时候，注意到很多教育没有效果。几乎所有的父母都会跟孩子说：你要做一个诚信的人，做一个正直的人。这两个是正常要求，为什么会出现很多事与愿违的情况呢？因为父母只停留在跟孩子"讲"的层面，这是双环的第一个环节——教育的"教"，但是他没有做另一环的事情——教育的"育"。"育"包含三件事情：

第一件事情，道理要讲透。要给孩子打"预防针"，告诉他其实这个社会不是那么简单，什么样的人都有，他将来一定会遇到一些为达目的而不诚信、不正直的人，他们可能面临特殊困难，也可能仅仅是为了占便宜。但这不应该影响孩子的判断和价值观，更不应该影响他的行为，因为他要做一个诚信和正直的人。这样当孩子见到真实的社会时，他会有心理预期。

第二件事情，把大目标分解为小的阶段性任务，及时奖励孩子诚信和正直的行为。

第三件事情最重要也最不简单，就是家长自身要做到诚信和正直。父母是孩子心中做人做事的榜样，他们自然会去学习。

做到这三点，父母要求孩子保持诚信和正直才会得以落实。这个世界上的道理都是相通的，教育的双环理论和我们做管理是一样的。我有时候也在反思，为什么有时对员工的管理效果不及预期，比如我们要求员工上班要投入，不要玩游戏，这只是做到了教育双环的第一环，第二环至少还有三件事情：

第一件事情，告诉员工上班玩游戏是不对的，年纪轻轻虚度光阴，不会有好的成长和发展。

第二件事情，要做出员工的发展模型。告诉员工达到哪些能力，会进入什么成长通道，得到什么培养，拥有怎样的机会和发展空间。

第三件事情，要有领导力素质模型。作为管理者，要做的远比员工多，要求也远比员工高，领导以身作则做好表率是员工成长和进步的重要动力。

这三点缺一不可，它是一个循环系统，这样才可以保持长期的稳定和持续。很多时候，我们教育孩子只做到了第一个环节——要求孩子怎样做。如果不是双环，后面没有事情持续教育他、引导他，那么这种教育很难落地。

学校环境：大小环境都很重要

我刚到北京做家教时，北京流传着这样一个故事，它是关于中学生早恋的。

现在中学生谈恋爱不算什么稀奇的事情，北京四中的学生也不例外。有意思的是，北京四中的学生谈恋爱也不一样，两个人一起聊天时会问："你那个《莎士比亚全集》看到第几卷了？"另一个比较差的学校学生谈恋爱，两人一见面张口就是："今天晚上去哪儿玩？"这就是学校环境的差别。学校环境非常重要，所以家长择校是有原因的。

当然，一些家长过度重视学校环境，把 90% 的关注点都放在学校上面，导致择校过热。他们希望孩子小升初进重点初中，中考进重点高中，高考要进好大学。当家长们只关注这些事情的时候，这就不难理解为什么会出现很多孩子高开低走的情况。说到底，家长们认为教育更多是学校的事情，跟自己关系不大。

孩子的成长离不开良好的班风校风

为什么那么多名校毕业的学生成绩不错，但是进入社会之后不够成功？因为一个人的成功不仅靠知识，也不仅是动力、环境和能力，这些能够解决他的成绩问题，但是成功的因素是多元化的，最终是靠一些很好的习惯和品质支撑的。

相比学校环境，对学生影响更大的是班级环境，比如班主任怎么样、任课教师怎么样、同学怎么样、班风怎么样。很多时候学生学不好只有一个原因——任课老师不负责任，或者他不喜欢那个任课老师。

我从小数学就很好，因为别的老师总批评我，但是数学老师特别喜欢我。我觉得如果学不好，不好意思见他。事实上，更多情况是学生如果不喜欢某个老师或者因为某个老师分散注意力，这样会导致他对课堂产生厌倦，甚至会对这个学科产生厌烦。所以，家长要关注孩子对老师是否喜欢和认可。

学生所在班级的班风，也会在一定程度上影响到他的学习。古人云："近朱者赤，近墨者黑。"用我父母的话说是"跟好人，学好人"，确实如此。所谓校有校风，班有班风，连学生宿舍都有舍风。

同伴的作用不容忽视。比如，一些学生玩《三国杀》，周围很多学生都会玩《三国杀》，过一段时间流行《摩尔庄园》，大家又跟着玩《摩尔庄园》了。看书也是如此，一些同学看穿越题材的小说，很快就会有很多同学跟风。

如果一个孩子所在的班级班风如此，家长很有必要培养孩子的自制力，教他懂得做事的度。学习动力和学习环境是动态平衡的，学习环境也会影响到学习动力。如果这个班的学生都把《赛尔号》玩得好作为有面子的事情，那么对他们来说学习好可能就不重要了，在这个价值观导向的群体里，学生很难学好。

社会环境：在耳濡目染中影响人

这里的社会环境是指孩子在家庭、学校以外接触的生活和交往环境。

我们都知道孟母三迁的故事。据资料记载，孟子家原来住在一个坟场附近，经常有人哭泣、烧纸、跪拜、磕头，孟子和邻居家的孩子就一起学大人跪拜、哭嚎的样子。孟母看了觉得孩子这样将来比较麻烦，于是他们搬到了另一个地方——集市。孟子又和邻居的孩子学起做生意和屠宰猪羊的事。孟母一看不行，又搬家了。这一次，他们搬到了文庙附近。夏历每月初一时，官员都会到文庙行礼跪拜，揖让进退，孟子见后都一一习记。孟母对这个地方很满意，一直住在这里，后来孟子成了一代圣人。这就叫环境塑造人。

社会环境对人的影响可见一斑。社会环境通常包含几个方面：

社会是孩子们学习成长的大课堂

父母跟什么样的人交往，亲朋好友在聊什么，周末带孩子去什么地方，孩子通过哪些渠道获取信息，等等。

如果一个家长一出去不是喝酒就是打牌，孩子在这种环境下长大，肯定会受影响。反之，家长如果经常带孩子去名胜古迹这些有文化积淀的地方，孩子的成长是不一样的。

有句话说，一个人的认识高度是由与他接触最多的五个人的平均高度决定的。所以，家庭交往的亲戚朋友也会决定孩子的认识。我们注意到高考填志愿的时候，往往是因为某个亲戚或父母的某个朋友曾经提过一个事情，决定了孩子的命运。孩子大了往往厌倦父母的唠叨，这时亲戚朋友的意见反而对孩子非常重要。

　　此外，孩子的信息获取渠道也很重要。比如，孩子经常上的网站、经常读的刊物会对他产生很大的影响，这些东西常常又是父母很难控制的，他们只能在方向上对孩子进行引导。

学习能力：有效学习的必备素养

如果说学习动力解决的是"想不想"的问题，学习环境解决的是"让不让"的问题，那么学习能力解决的就是"能不能"、"会不会"的问题。即便学生学习有动力，环境也支持，人和人之间学习结果仍然会存在差异，这是能力差异所致。

我们认为，可以把一个孩子的学习能力分为智力和方法两个层面。

智力：与基因和后天都有关系

所谓智力，是指人们认识客观事物并运用知识解决实际问题的能力，至少包括观察力、注意力、记忆力、思维力和想象力。智商是个人智力测验成绩和同年龄段成绩差异的指数，是衡量个人智力高低的参考。

关于智商的研究非常多，有的科学家认为智商是遗传基因决定的，后天无法改变；有的科学家认为人在两岁以前智商可以改变，两岁以后就改不了了；还有些科学家认为智商经过努力可以提高，观点不一而足。

我的看法倾向于：人的智力与基因、后天饮食及培养都有关系。智力训练在一定年龄和一定程度内有效，随着年龄增长，智力提高的可能性越来越小。这好比人的身高，一个人的身高既取决于父母的遗传，又取决于后天的营养状况。一个人成年后的身高大致已经确定，但是一个人的身体经过训练会变得更强壮。

智商经常被误解，过早而又轻率的被用作衡量能力的"科学"指标，把人预设成了三六九等。我给很多顶尖学生上过课，他们中间有不少人智商很高，很多在 120 以上，但是我没有感觉到他们因此而自信。一旦把智力加以数字化，竞争就是赤裸裸的，智商低的有压力，智商高的也有压力。

其实，对大多数人来说智商肯定是够用的。大部分人不需要去研究原子弹，也不需要去研究宇宙飞船（而且即便要研究，很多人经过培训和努力都可以做到），应对正常的工作，一般的智商绰绰有余，所以不要因此产生心理负担。而且智商测评标准也是人根据经验和统计规律做的，凭什么要过于相信别人做的这个标准并用来打击自己？每个人都有自己的优势。

事实上，智商高的人也未必有高成就。据记载，十九世纪末纽约神童威廉·詹姆斯·席德斯（William James Sidis）是有史以来智商最高的人，智商在 250 以上。他 4 岁时已精通法文，8 岁高中毕业，已经能流利地使用希腊语、拉丁语、德语、俄语、土耳其语和亚美尼亚语。传说他后来一共懂得 200 种语言而且能互相翻译，一天能学会一门外语。7 岁通过哈佛大学医学院的入学测试，9 岁进入哈佛大学。但是他与社会格格不入，一生潦倒没落，成年之后放弃了学术生涯，做了一名印刷厂工人，并以收集车票为嗜好。46 岁时，他死于脑中风。

正因为如此，不断有人质疑智商的评判标准，因为智商高不代表成就高。所以不断有人提出新概念，以完善智商的含义：情商、逆商、多元智能理论。

当然，提高智力的研究对学生的学习也是很有帮助的。例如注意力，有的学生集中注意力时间很短，上课听一会儿就走神了，老师刚讲完，他的思路又回到课堂，一看没听懂，又不敢提问，这时他的兴趣、信心、成就感就会受影响。如果从上课到下课出现几次这样的情况，学生的学习动力就没了。

注意力对思考力有决定性的影响，因为思考需要持续性，如果一个人不能集中注意力，那么他的思路一定是紊乱的，一会儿想东，一会儿想西，不能够持续琢磨一件事情，也就抓不住重点。培养注意力就是训练孩子一心只做一件事情，学会放下别的事情。所谓"一心无二用"，不要让孩子一边学习一边听音乐，或者做其他任何事情。

注意力对孩子的学习力、思考力至关重要

孩子的注意力通常是怎样被破坏的呢？比如，一个孩子题目做了一半，大脑资源刚集中到处理有关信息上，妈妈送盘苹果来，大脑的任务马上被切换了。人的注意力有点类似电脑的缓存，需要集中注意力，等心静下来，人脑的 CPU 使用率才能慢慢上去。问题刚想了一半，这时妈妈递过来一盘水果，孩子大脑立刻就释放缓存，CPU 使用率也立刻回到最低。

孩子过一会儿再学习，大脑的 CPU 使用率慢慢回升，刚刚使用得充分些，突然想起苹果又吃上一块，思路再次被打断。如此反复，"缓存"不断被释放，大脑 CPU 始终不能高效运转，始终进入不了一个持续专注的状态。不断中止的思维无法思考复杂问题，他的思考力和想象力也会受到严重影响。由于整个过程中大脑不断地释放短期记忆的信息，记忆力也会受到影响，就像一部车不停地启动、加速、刹车一样。

这样使用大脑非常不健康，有这种习惯的学生学习时容易遇到大问题：第一，上课不容易专注。第二，读前面忘后面，读后面忘前面。不管哪个学科，不论是中英文的阅读理解，还是数学竞赛的题目或中高考的压轴题目，信息量都很大，对学生大脑内存要求很高。比如，一道数学大题 5 行字，有的学生集中注意力时间短，读到第 4 行就忘记第 1 行说什么了，回过头来看第 1 行，又忘记后面说什么了。这样来回读了 5 遍终于把题目理解清楚了，交卷时间也到了。由于长期以来不能形成专注的习惯，最后考试时就会吃大亏。

很多人在工作中也有非常糟糕的习惯，他们一边工作，一边开着 QQ，QQ 和上面案例中苹果的作用是一样的。那个东西只要开着，就一直在闪，一会蹦出来一个东西，不断打断人的工作思路，让人无法静下心来思考更重要的问题。所以，我一般要静下心思考问题时，一定要有一两个小时完整的时间，让我完全进入思考的状态。

学而思有不少专注的学生，他们做题的时候，你在旁边说话，他是不理你的。考试时，这样的学生很少用草稿纸，因为他的大脑缓存足够大，大脑的 CPU 运转足够快，一个题目从头读到尾，读一遍就理解了，每读一段他都能转化成自己脑子里的知识。有些学生甚至不用笔演算，脑子转着转着，就直接把结果写出来了。这样，他便能从学习中获得乐趣和成就感。

这就是专注的力量。我们千万不要破坏孩子的注意力，请记住，一个脑袋同时做两件事，是一件降低智商的行为。

方法：听课和复习最重要

学习方法涉及到很多具体的环节：预习、听课、复习、作业、总结等，其中有两点最重要：一个是听课，一个是复习。

先说预习，学生到底要不要预习，我们内部有过争论，我觉得视情况而定。如果课程简单，没有必要预习。因为如果预习的话，上课时老师和学生都没有成就感。但对于难度大的题目和高中课程，适当预习有助于学生理解知识点，更好地跟上老师上课的节奏。尤其比较难的专题，如果有的学生预习了而有的没有，老师未必能照顾到未预习者的感受。

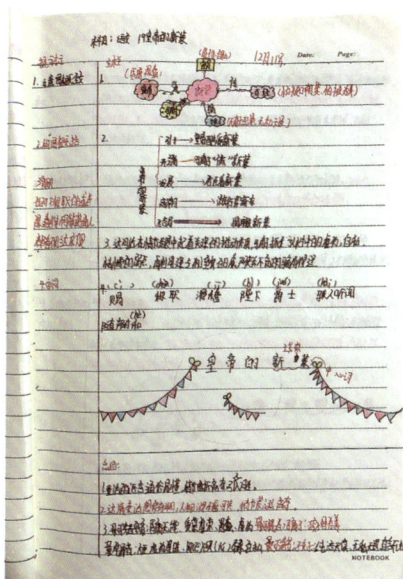

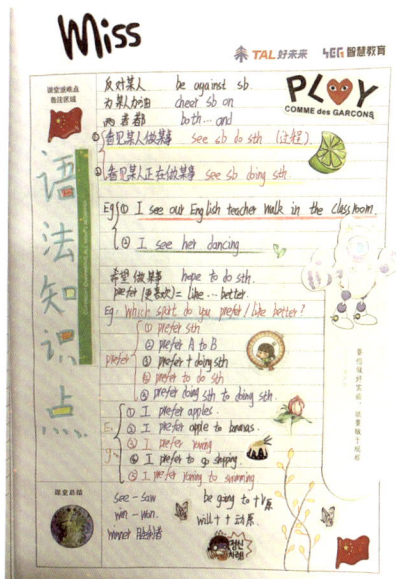

正确的记笔记和复习笔记是重要的学习方法

　　这里没有完美解。常见的情况是，老师讲一个学生预习过的知识点时，学生往往觉得老师讲的东西自己已经会了，便开始干别的事情了。老师看到学生基础不错，开始增加难度，内容一下子变难了。等预习过的同学回过头来听老师讲新东西时，他发现自己错过了上课内容。这里唯一的解法是，学生上课时务必谨记"一心无二用"。

　　课堂是学习的主战场，但很多人不会听课。其实，如果学生上课时没有效果，回家再努力也是本末倒置。我上初中时犯了一个错误——上课睡觉，晚上回家再补学到很晚，结果恶性循环，把身体弄坏了。身体不好是我后来下决心研究学习方法的原因。

　　上课最重要的是与老师做好互动，学习是一个与老师交流思想的过程。一个优秀的学习者未必需要老师关注，就像你读一本书时，其实是在跟作者对话，但是作者并不知道你的存在。站在一个优秀老师的角度，应该关注到每一个学生，但是站在优秀学生的角度，不管老师关不关注你，你都要跟上他的思路，理解他讲的重点，与他在心里对话。

　　至于记不记笔记，我觉得不是最重要的，上课听懂比记下完美的笔记更重要。听到不懂的一定要敢提问，至少要记下来下课再提问。

　　更多的问题出现在复习环节，很多学生不会复习，都是对着笔记完成作业。大部分学生的做法是，一回家就做作业，遇到不会的问题再翻笔记，而不是先复习后做作业。

　　正确的做法是什么呢？首先，回家之后不翻笔记，先把老师讲的东西像放电影一样在头脑中过一遍，能回忆起多少回忆起多少。回忆出来的知识是自己的。很多人对记忆的误解就是不断地"存储"，不断重复"存储"的过程，重复地阅读、抄写。但事实上，通过大脑费力"提取"出的记忆才是真正被记住的知识，而且这个提取的过程就是对记忆的巩固 。

其次，复习笔记，看看哪些地方没有回忆出来，再对照笔记把没有深刻掌握的东西复习一遍，变成自己的知识。

再次，合上笔记，像考试一样完成作业。

最后，把作业中不会的圈出来，再看笔记，看完后合上笔记再来做。如果还不会，就去请教同学和老师。

把不会的题目弄明白后，过一天再复习一遍，过一星期再复习一遍，过一个月再复习一遍。凡是圈出来不会的题目至少复习 3 遍以上。已经会的题目只复习 1 遍即可，直接能回忆出来的题目不用再复习了。很多家长给孩子报三五个班，往往是让孩子把会的题目又重新做了一遍，不会的还是放在那里不会，这样的班报 100 个也没有用。

刘开给我讲过一个很好的例子。他原来带的班上有个很有智慧的妈妈，她的孩子不是那种一点就透、反应特别快的孩子，遇到问题时，要琢磨半天才明白。但是这个孩子有个非常好的习惯，每次上课，他不在我们发的讲义上写任何字，而是单独用一个本子记笔记。

他回家后先复习一遍笔记，然后像考试一样在空白讲义上做一遍，他妈妈把孩子不会做的地方用笔圈出来，让他去问老师，弄懂了再做一遍。然后，这位妈妈让孩子把不会的题再给她讲一遍，确保他学会了，这样他的知识没有疏漏，而且他讲完了得到妈妈的表扬，也很有成就感。

有时父母不会也挺好的，这样可以锻炼孩子讲题的能力。有人说："张老师我真的会怎么办？"我说："您就不能'不去会'吗？"

有的家长不注重解决问题，凡事喜欢"多"，多让孩子做题，多给孩子报班，但忽视了一个问题：孩子遇到困难，关键是把它解决，而不是绕过去。孩子学习时绕过困难，造成不会的还是不会。为求

2017 年学而思理念升级为"受益一生的能力"，提出六大能力：阅读能力、沟通能力、探究能力、抽象性思维、思辨性思维、创造性思维

心理安慰，家长再给孩子报一个班。

其实一次课 3 个小时，孩子只要把不会的搞清楚就行了，不需要做那么多题，把会的做 100 遍又有什么用？质量比数量更重要，一万个 0 比不上一个 1。使用错题本是一个办法，把做错的、易错的、还不会的题目都放进去，复习的时候重点看这些内容。只有把不会的问题解决了，才可能有进步。

学习的另一个密钥是，学会梳理知识脉络，这就是所谓把一本书先读厚再读薄。把知识脉络梳理出来，学生能够闭着眼睛把这个学期的每个章节每个知识点回忆清楚，在头脑中形成知识树，这样解决复杂问题的时候，容易有思路。

学习好的孩子是相似的，学习不好的孩子各有各的原因。不管是学习动力问题、学习能力问题，还是学习环境问题，只要一个环节有问题，他可能就学不好。所以，我们要努力研究学习的科学，给出具体解决方案，这样才能真正帮助到学生。

习惯品格：教育理念落地的支撑

明白了那么多教育孩子的道理，还不足以支撑学生的成功。但是明白这些道理以后，通过培养孩子养成良好的习惯，把这些理念细化到学生日常的行为中，才会驱动学生成功。根据前面讲的理念，我们总结整理了学生成长过程中需要重点培养的一些好习惯。

与学习动力相关的习惯

一是培养孩子爱读书的习惯。开卷有益，不管故事书还是历史书，只要孩子喜欢读，就鼓励他多读。开始时，家长可以陪孩子一起读，一起讨论故事情节。

二是培养孩子讲故事的习惯。鼓励孩子把书中的内容讲给家长或同学听，老师和家长要及时肯定孩子，鼓励他们展示自我。

三是培养孩子给父母讲题的习惯。孩子只有把题目讲出来，才真正懂了。我们会从教研中进行设计，每一讲会留两道题要求孩子给家长讲一遍，然后请家长签字确认。我们会给予积分卡的奖励。

　　四是培养孩子请教别人的习惯。遇到问题先自己琢磨，实在不会要学会自己去请教同学和老师，而不是让父母解答。课堂设计上，我们也会逐步规定，每节课有一道题不讲，而是通过同学之间相互讨论、相互请教把它解出来。

　　五是培养孩子与榜样对照的习惯。每个孩子定期看看自己的榜样，拿自己和榜样对比，会不断进步。

　　我们后续会出版一本书，寻找那些具有各种优秀品质的榜样，让学生从中汲取智慧和力量。

随着时代的发展，学而思的教育理念在不断丰富迭代

与学习环境相关的习惯

一是培养与榜样多交流的习惯。所谓见贤思齐，要想变得优秀，多与优秀者为伍吧。如果希望学习好，就多与学习好的同学一起交流；如果希望打篮球好，就与打篮球好的同学泡在一起。

二是培养与老师保持良好沟通的习惯。在社会上有问题找警察，在学校里有问题找老师，与老师保持良好沟通，这也是一个基本能力。

三是培养积极参加社会实践的习惯。

四是培养自我约束的习惯。比如玩游戏懂得节制，做事情宽以待人，严于律己。等长大了，学生就会明白"自律者方得自由"。

与学习能力相关的习惯

一是养成做事情集中注意力，一心一用的习惯。

二是课前适当预习，上课认真听讲，课后先复习后做作业。

三是养成定期反思的习惯。

四是学会整理错题本，梳理自己的知识树。

从根本上说，我们希望通过培养学生这些重要的习惯，帮助他们获得成长。

塑造品格：改变孩子的思维模式

习惯不是容易改变的，要想真正改变一个人，并让他形成良好的习惯，需要改变他的思维模式，塑造他的品格。

一个人成年之后，培养品格不是不可以，但是年龄越大，改变越困难，所谓"江山易改，本性难移"就是这个道理。但是孩子处在价值观塑造期，这些有益的思维模式和品质品格，对他们的将来影响深远。人和人的差别根本在于，他们具备不一样的品质和思考问题的方式。

那么，我们在对学生要求的品格中，有哪些品格会对学习成绩产生影响？我们挑选了 12 个品质——

与学习动力相关的品格：目标、积极、坚持、好学；

与学习环境相关的品格：诚信、勤奋、感恩、信念；

与学习能力相关的品格：专注、反思、规划、务实。

我们把这些品格，按照年龄特征落实到 12 个年级中，每年重点

育人必须从品格、思维、习惯上真正帮到学生

培养学生的一个品格。

我们认为，一个学生如果具备了这些品格，就会养成很多好习惯，最终会成为优秀的人，其实学习好反而只是一个顺其自然的结果了。

人的成长，是一个非常复杂的过程，"教育"两个字一半是"教书"，一半是"育人"。为什么说"十年树木，百年树人"，因为教书容易育人难。要做好"育人"，必须从品格、思维、习惯上真正帮助到学生，把我们的教育理念"激发兴趣 培养习惯 塑造品格"真正落实到教研中去，落实到师资培训中去，落实到日常授课中去，落实到与家长的沟通中去。

路漫漫其修远兮，在传播教育理念的漫长征途中，我们需要足够的信心、耐心和恒心。

第八章 **百人小传**

为了呈现一个更加立体丰富的学而思，我们邀请了 100 位来自学而思的老师、学生和家长讲述他们与学而思的故事，其中有成长、有欢乐、有思考、也有希冀。

教 师 篇

（按姓氏首字母排列）

陈超

陈能

我是学而思的陈超，2009 年入学北京大学中文系，2013 年获得学士学位，2016 年获得硕士学位。2013 年加入学而思，现在是培优总部语文负责人。我想让每个孩子广积累、善阅读、会表达，愿用有涯之生命为此无涯之事业而奋斗，期待每个学好语文的孩子内心柔软、目光坚定。

我是学而思的陈能，2010 年毕业于清华大学能源动力系及自动化专业，2017 年成为学而思武汉分校的一名在线主讲老师。感受过三尺讲台下一双双清澈的眼神，隔着电脑屏幕，我更加如履薄冰，只能心怀敬畏，砥砺前行。每每收到一句"老师辛苦了"，心底就会升起一种平静的满足感。

陈佳晗

我是学而思的陈佳晗，2014年从南京大学毕业后加入学而思培优，当了两年南京分校的英语老师，后来也做过学而思VIPX在线外教项目。我相信教育的最终目的不是传授已有的东西，而是要把人的创造力诱导出来。除了教学，我还喜欢心理学，也是一名摄影爱好者。

程颖平

我是学而思的程颖平，2014年毕业于吉林大学，获英语硕士学位，2016年加入学而思国际，从事托福产品研发和教学工作。学而思国际教会我学习和反思，让我学会分享经验、总结不足。这些所学所思已经渗透到课程研发中，并通过教学传递给我的学生。这个小小讲台就是我的大大世界！常有孩子对我说因为喜欢某位老师而爱上一门课程。可亲爱的孩子们啊，你们知不知道老师亦因为你们而深爱这份工作，虽九折犹未悔？

段微微

我是学而思的段微微，毕业于沈阳师范大学古代文学专业，2008年加入学而思培优，已在此工作12年，现在是北京分校的一名语文老师。文学的浸润、历史的启智、哲学的深刻，在耳濡目染、循序渐进的学习中，会让孩子思维拓宽、加深，人格独立坚韧，品性中正平和，谈吐有物，气韵高邈。语文老师有再塑孩子形象的使命，我会在每一节课中，跟孩子们共同成长。

冯增娟

我是学而思在线的冯增娟，2017年毕业于西安文理学院汉

语言文学专业，之后加入学而思，现在是学而思在线的初二语文辅导老师。在这里，我认识了来自全国各地的孩子们，虽然隔着一个屏幕，但我感受到更多的却是温暖。其实，教育不仅仅是传授知识，更是与许多可爱灵魂相遇的奇妙旅程。

范珈彤

我是学而思网校的范珈彤，毕业于哈佛大学语言和读写专业。原本我怀着从事语言教育事业的崇高理想，但随着学习的深入，我发现孩子们在接触深度的语言学习之前，需要有激发他们学习兴趣的点。为了找到适合孩子早期语言、思维培养的方法，我开始尝试设计"玩教具"。2019 年我加入学而思网校，与一群志同道合的伙伴一起打磨"玩教具"。尽管每个"玩教具"都要经过多次审校、多次推翻重来，但令人开心的是，我们能够结合孩子爱玩的天性，用适合孩子的方式把他们引向更加宽广的思维世界。

郭扬

我是学而思网校的郭扬，毕业于北京大学，2018 年加入学而思网校，现在是小学部语文老师。从贵州一个小城市考到人人皆知的燕园，是我人生中最魔幻的一个转折点。很难想象，如果当年没有进入北大，我还会不会有今天的眼界、思维和素养。我知道，在中国很多地方还有成千上万的孩子缺乏这样的机会，不是他们不努力，而是教育资源不均衡。学而思网校能够突破时空的限制，把优质教育资源投送给更多的孩子。能够参与到这样一项有意义的教育工程当中，是我的幸运。

黄静

我是学而思的黄静，毕业于复旦大学经济学系，2009 年加入学而思培优上海分校，曾在小

低业务部、在线业务部任职，现在是一名在线数学老师。教师是个永远年轻的职业，在学而思当老师，让我不仅保持年轻，更拥有活力和激情。

多年来，每天和朝气蓬勃的孩子们在一起，看到他们闪着希望的目光走进教室，又带着开心的笑容走出教室，我心中的喜悦总是无法言喻。我身边还有一群可爱的同事，为了各自的目标奋力拼搏，人生幸福之事就是选择自己喜欢的职业，在自己喜欢的公司干一辈子，我爱学而思。

胡郁郁

我是学而思的胡郁郁，2006年毕业于复旦大学，2011年加入学而思培优上海分校，目前从事高中数学教学工作。我出身于书香门第，自小就想当一名老师，在咨询行业工作几年之后，我选择遵从内心的声音，全职加入了上海学而思。

我觉得，无论是学习还是职业选择，兴趣都是最好的导师，如果说有什么更好的，那就是热爱。一直以来，我都希望构建有趣且有效的课堂，用诙谐巧妙的比喻、具体形象的例子、触类旁通的思想去化解题目本身的枯燥无味，让学生能够长久保持兴趣和专注，在学习的道路上走得更快更远更开心。

Jared

我是学而思网校的外教老师Jared，毕业于哈佛大学。在哈佛期间，我认识到自身价值来源于所做的事情，以及在做这些事情过程中带给世界的改变。那段时间，我制作、导演并参与表演了7部戏剧，现在我很高兴利用自己的专业知识和表演能力与学而思网校的学生们一起学习，这让我充满热情。

学而思网校正在利用先进的技术推动教育公平，让我们的课程能够覆盖更多的家庭，为尽可能多的学生提供有质量又有趣的教育。这个"有趣"非常重要，我希望他们沉浸在英语世界中，释放自己内心的"小野兽"，用好奇心引领他们抵达更远的地方。

贾海林

我是学而思网校的贾海林，是一名师范专业毕业生，曾在公办学校教过近二十年书，2007年来到学而思网校，现在是一名数学老师。

过去，我在公立学校接触过太多的孩子，知道每个孩子都是独一无二的，一直希望给他们更个性化的教育去匹配他们的成长。来到学而思网校，我也是希望通过在线教育来让情怀落地。

从线下到线上，课堂体验有很大不同，最大的不同在于科技为课堂带来了真实的改变，不仅可以提高老师的上课效率和质量，而且会根据不同学生的掌握情况，有目标地调整课堂的重点，从而唤起学生内心真正的兴趣。

贾东方

我是学而思网校的贾东方，

毕业于华北电力大学电气工程及自动化专业，2016年加入学而思网校，成为一名初中物理辅导老师。四年时间，看着网校一步步壮大，孩子们快乐成长，我自己也获益匪浅，逐渐成长为一个合格的网校人。我平时喜欢打乒乓球，也喜欢下象棋，更喜欢和孩子们一起讨论难题，畅游在神奇的物理世界中。

纪宝康

我是学而思网校的纪宝康，2017年毕业于延安大学能源化学专业，2018年加入学而思网校初中理科部。在大学期间的家教经历结合来网校之后的成长，让我意识到教育首先要解决的是动力问题，其次才是方法和习惯的问题，有了动力才会培养出好的习惯和方法。作为辅导老师，我时刻准备着为孩子们传道、授业、解惑，虽然和孩子们远隔千里，但只要他们需要，我随时都在。

John

我是学而思网校的 John，毕业于英国谢菲尔德哈勒姆大学，英语语言学专业。我酷爱踢球、旅行、阅读、写作。为了更好地发挥自身优势，我选择来到中国做教育。学而思网校是我来中国的第一家公司，这里的工作丰富有趣。不经意间我已经工作 2 年了，回想带过的 13000 名学生，内心深感骄傲，很高兴成为这个不断发展的公司的一分子，这一切都是如此美好。

Kiowa

我是学而思网校的外教老师 Kiowa，毕业于哈佛大学，我会说英语、蒙古语、西班牙语、希伯来语四种语言。在哈佛，最宝贵的经历是遇到了来自世界各地的朋友，领略了多元文化，这些经历帮助我成为一个更好的教育者。

在学而思网校，我惊喜地发现，在像摄影棚一样的绿幕直播间里授课，就像在拍电影；网校的教学流程和我之前读到的教学方法是一致的；我小时候喜欢读的 Reading A-Z，网校的小朋友也在读；而且网校的黑科技很炫酷，教育和科技的结合让我大开眼界。在先进的直播形式和优质资源的帮助下，我一定会为提高孩子们的英语能力竭尽全力，争取把我的学生变成我的校友！

卢明

我是学而思的卢明，1998 年毕业于北京师范大学化学教育专业，2005 年加入学而思培优，目前是北京分校的老师。我在学而思的第一个任务是编写化学讲义，当时网络资料不像现在这么丰富，我每天都在大量教辅材料中钻研，半年后终于编成了学而思第一本化学讲义。此后十多年，我参与了绝大多数的新老师培训，很开心把自己在教学中的收获与新老师分享，更愿意看到他们快速成长为我们的骨干。

如今，生化产品线转战线上，对我既是一个新挑战，也是一个巨大的机遇，我会一如既往地全力以赴！从教 20 多年，孩子们的健康成长、文化知识获取，已经成为我的幸福源泉。

梁潇

我是学而思的梁潇，2010 年毕业于北京大学智能科学与技术系，随后加入学而思培优教高中物理，并负责教师教学工作。10 年后的今天，在学而思小猴编程工作，也算是在另一种意义上回归本科专业了。如果说选择教书是一种传承，那么让更多孩子比自己少走一些弯路，踩在自己的肩上往前走，就是最有成就感的事了。

刘芬

我是学而思·爱智康的初中数学老师刘芬，2010 年毕业于北京大学医学部药学专业，2014 年加入爱智康。大学医药专业的学习让我感受到了生命的价值，如今从事一线教学工作则让我体会到了灵魂的力量。

多年来，每次与学生一对一交流，我都能感受到他们朝气蓬勃的生命与思想。我想，学习的真正价值就在于思考，在于质疑，在于勤奋。作为教学的人，我想教会学生的是知识，是思维，更是如何学习的能力。作为与学生深入交流的人，我从他们身上学到的是毫无拘束的思想，是郁郁葱葱的活力，更是自强不息的奋斗精神。我是如此热爱这些如幼苗般可爱的孩子们，终有一天，他们将成长为参天大树。

刘少文

我是学而思的刘少文，2010 年毕业于北京大学数学科学学院，2013 年加入学而思培优，现在是太原分校的高中数学老师。很幸运能够陪伴孩子们走过中学时代的最后三年。做教育这么多年，我最开心的是见证孩子们考入理想大学，启航美好人生！希望每个学生和老师都有好未来！

陆朝胜

我是学而思的陆朝胜，北京大学物理学院本科、硕士，2014年毕业后加入学而思培优，作为长沙分校第一批老师参与了分校的创建，现在从事分校小学高年级和初中阶段的教学，同时负责教研工作。

几年来，我真切感受到，孩子是我的学生，也是我的朋友，他们的单纯与认真感动着我，和他们一起探索美妙数学世界的同时，我收获了无穷的成就感和满足感。投身基础教育是我最引以为傲的选择，我愿意穷尽一生为每个孩子的成长贡献一份力量。工作之外，我爱好足球、摄影，从足球中汲取激情与拼搏的精神，用摄影记录美好的生活。

刘万鹏

我是学而思的刘万鹏，2014

年毕业于清华大学电子信息科学与技术专业，来学而思已经第六个年头了，现在是沈阳分校的数学老师。在这里，我从一名教研专员做起，辗转于初中学科、竞赛高端学科，又回到了初中教学产品部。虽然并非科班出身，但是我的学习能力给了我很大帮助，大学掌握的计算机编程知识也终于派上了用场。

在学而思工作，我可以全身心地为了梦想奋斗，不用考虑复杂的人际关系，人会变得很纯粹。工作中虽然有烦恼，但我也切实感受到了充实和快乐。一届届孩子成长起来，即便毕业也会怀念当初作为我学生的岁月，这让我收获了感动，也深深地爱上了教育。

李润铭

我是学而思的李润铭，2008年新高一暑假报名学而思数学班，三年一直跟着邓杨老师学数学，感觉学而思课堂非常高效、欢乐。2011年，我考上复旦大学数学与应用数学专业，2015年毕业后加入学而思培优，目前

在编程产品部工作，在这里我学会了合作与分享，并在课程中让学生们感受到同样的快乐。工作之余，我爱好打羽毛球，担任过复旦大学羽毛球协会会长，也喜欢看动漫，是个"型月厨"。

刘彦丽

我是学而思网校的刘彦丽，大家叫我"栗子"老师，2016年毕业于中北大学工业工程专业，同年加入学而思网校，现在是初中部数学辅导老师。这份工作让我可以一直做有力量的事情，做有影响力的教育工作者，激发孩子们的学习兴趣，引导他们养成好习惯。同时，他们也让我感觉自己一直很年轻。我爱好读书、学习，希望通过不断"充电"遇到更加美好的自己。

李昶

我是学而思网校的语文老师李昶，来自一个教育世家，或许是受到家庭氛围的感染，2018年从北京大学毕业后，我头也不回地投身到了教育行业。

我要把我对语文的理解和热爱传递给学生，让他们爱上语文，发现语文世界的美妙。更重要的是，我希望帮助学生领略到千百年来无数文学作品里呈现的人文精神，哪怕对他们的人生产生一丁点儿影响，我也会感到无比欣慰。少年强则国强，说到底，整个社会、国家的改变，不就是从每个个体的改变开始的吗？

卢磊

我是学而思的卢磊，清华大学2011届计算机科学与技术系本科生，2011年加入学而思培优，在学科、教学、教研、选聘等多个部门工作过，现在是宿迁分校校长。我相信，无论身处何地，只要秉持责任心和爱心，最终都能给孩子带来切实的帮助。现在，团队和科技的力量让我从教授百十个孩子到可能帮助成千上万名孩子，这个过程让我感到幸福。

清华有一种体育精神：为祖国健康工作五十年。这更多讲的是一种自我修炼，而我们现在所做的教育，很可能也会影响祖国未来的五十年。

路浩坤

我是学而思·爱智康的路浩坤，2008 年年底开始在学而思兼职授课，2010 年从北京理工大学毕业后，入职学而思·爱智康，曾任教研负责人。几年来，我不断向前辈和身边的老师学习，总结出很多适应政策变化的教学教法、学科模型和学习规律。

对于学生，我坚信兴趣是最好的老师，在课堂上不断引导他们探索物理世界的奥秘，让学生爱上学习、爱上物理。2019 年中考，我所带学员有半数满分，其他学员也取得了历史最高成绩。看着学生们攀登到更高的地方，这是当老师最开心的事情。

吕云鹤

我是学而思网校的吕云鹤，2017 年获上海外国语大学英语学士学位，2018 年获哈佛大学教育学硕士学位，同年加入学而思网校，成为一名英语主讲老师。我们的梦想只有一个，就是给同学们提供最棒的英语课堂，让同学们成为自信开口、流利表达的世界小公民。

马娟

我是学而思的马娟，毕业于河北师范大学，现在在中国传媒大学攻读硕士学位。我 2006 年加入学而思培优，在多年的教学生涯中，见证了自己和孩子们的成长，快乐着也被感动着。未来我将一如既往地坚持教育的初衷，继续成长进步。

牛丽娟

我是学而思的牛丽娟，2004年毕业于河南师范大学数学系，2006年10月加入学而思，分别在北京分校、培优总部做过教研、学科和教学，2016年4月来到苏州分校，开始一段新征程。14年来，学而思不仅是我热爱的工作之地，更像是给我指导和帮助的老师，带着我一路成长、开拓，让我做事的方式、方法都深深融进了质朴的学而思理念。感谢遇见你！

牛天铸

我是学而思的牛天铸，当年因获全国高中物理竞赛银牌而被保送至清华大学电子工程系，2012年本科毕业，同年被保送本系研究生，2015年获得硕士学位，毕业后加入学而思培优，现在是天津分校的物理老师。常言道：

信其师方能循其道，然尽信师不如无师。与教授知识相比，我更愿意培养学生独立思考的能力。能够见证学生的成长，是我最荣幸的事情。

Patrick

我是学而思网校的外教老师Patrick，硕士毕业于哈佛大学。在我二十几岁的时候，做过卖鞋的销售员，也尝试过大公司的项目经理，之后开始教孩子学英语，逐渐喜欢上这个工作。

在这个过程中，我萌生了去哈佛大学深造的想法，并最终实现了目标。我的研究方向是教育心理学，研究表明，当人们在学习中发现乐趣时，他们会学得更好。我尝试将这一结论应用到学而思网校的课堂上，帮助更多学生在快乐学习的基础上提高英语水平。希望我的课程内容能够越来越丰富、有趣，激发学生对英语的动力，并对他们之后的生活和工作有所帮助。

齐永确

我是学而思的齐永确，2007年加入学而思之后，一直从事教学和教研工作，现在是北京分校的初中数学老师。这些年，无论工作还是生活，"凡事全力以赴"深深地影响着我，让我遇到困难绝不退缩，敢于迎难而上！感谢学而思，是学而思改变了我的命运，我愿意做一个勇往直前的学而思人。

谯皓文

我是学而思的谯皓文，毕业于复旦大学，2016年加入学而思培优，现在是成都分校的老师。教育帮助我成长为更有责任心和爱心的人，见证学生的成长则让我收获了快乐和幸福感。

秦煌

我是学而思国际的秦煌，毕业于外交学院，英语科班出身，2017年加入学而思国际，先从英语教研实习生做起，最后在英语教学工作上定岗，目前正在从培训师的角色转变为教学管理者。无论在哪个岗位上，有一条信念一直支撑着我，那就是将我们的教学理念传递给更多的学生和家庭，让更多的孩子感受下一世代的教育。希望孩子们能以英语为敲门砖，站在更高的舞台上展现自己。

荣双

我是学而思网校的荣双，2017年从山东财经大学汉语言文学专业毕业后，加入学而思网校大家庭，担任小学部语文辅导老师。能够参与到那么多孩子的成长过程中，见证他们爱上语

文、学好语文，是最有意义的事。

从大学到网校，我感觉像从一个校园来到了另一个校园，网校的工作环境让人舒心，与孩子、家长的相处让我收获了无数感动。所以，我觉得这不仅仅是一份工作，更是值得为之奋斗终生的事业。

任方舟

我是学而思网校的任方舟，2006 年曾是学而思的一名学生，2016 年从加州大学洛杉矶分校毕业，2018 年加入学而思网校，现在是一名产品经理。在学而思，我明白了学习和传授都是贯穿一生的大事。现在把我当年在这里学到的东西，以另外一种方式传递给学弟学妹们，这真是一段奇妙的经历。

孙若男

我是学而思的孙若男，毕业于长春师范大学英语专业，2006 年加入学而思培优，做过英语专职教师、培训师和教学顾问，如今是一名初中英语老师。教育使我获得的不仅是教书育人的成就感，更是参与无数段青春成长的回忆和经历，历经别人的喜怒哀乐，体会自己的酸甜苦辣，从中不断体悟生命的意义。

苏欣

我是学而思的苏欣，毕业于清华大学，2011 年加入学而思培优，是广州分校第一位化学老师。最初半年，我独自承担了学科与教研双重工作，一边开设讲座，一边对总部讲义进行本地化修改。从 2014 年开始，我着手研究化学教研体系，3 年时间完成了编写与修改工作，受到学员与家长们的认可。后来，广州分校成立教研设计研发组，我从一名教研员转变为一位管理者，带领团队踏向新的里程。

在这个充满无限想象力的事业里，我和伙伴们用持续投入的热情和卓越的努力，将心中想法付诸实现。这9年时光，我获得了以往未曾预料到的幸福！

苏珊

我是学而思的苏珊，2015年从复旦大学旅游管理专业毕业，随后加入学而思培优南昌分校。几年来，我一直和小伙伴们一起向着"给南昌课外教育带来不一样的变化"的目标而努力，这个过程辛苦却满足，有泪水也有喜悦。

作为一名小学数学老师，我在学而思遇到过很多可爱的孩子，结识了很多优秀的伙伴，收获很多，也成长很多，带着美好的愿望奋斗的时光于我格外珍贵。希望我在未来保持对教育的初心，砥砺前行。

苏智

我是学而思的苏智，毕业于中南大学，怀揣着着一颗敬畏教育、热爱学生的心加入学而思，现在是学而思培优太原分校的老师。

我曾因高中数学老师一句"在老师眼里，你们都是一样的孩子"而倍受感动，也曾因家教小孩一句"谢谢智哥，这次数学成绩提高了27分"而自豪满满，还曾因家长一句"孩子就喜欢你，不是你的课不上"而暖流涌遍全身。我始终认为，"老师好"这三个字是沉甸甸的，只有踏实上好每节课、认真讲好每道题、负责任地对待每个孩子，才能对得起孩子和家长的一声"老师好"。

这世界上难做的事很多，但总有人能做到，并且做得很好。学习不是一件简单的事，所以我一直教导孩子们，最值得自豪的并不是你学会了多少，知道了多少，而是用你已知的解决了你未知的，这才是学习的真正意义。

沈文

我是学而思的沈文，毕业于南开大学，2017 年加入学而思培优，现在是合肥分校的初中物理教研老师。在霸都投身教育两载，渐渐领会到"学高为师，身正为范"的含义。

所谓"学高"：在备课过程中不断修炼内功，强化个人素养；所谓"身正"：教育路上，教师是学生的榜样，学生是对老师的鞭策，时刻警醒着包括我在内的老师们要更加努力。

Skye

我的名字是 Skye，来自英国，硕士毕业于罗德斯大学，主修教育学。

教学、艺术和潜水是我的最爱，当你触摸那些闪闪发光的珊瑚礁或闭眼迎接海风时，收获的是内心的舒畅，还会不禁感叹生命的神奇。而艺术带我回归淳朴，回归孩童时的天真烂漫。教育则提醒着我的使命，让我不愿错过任何一次接触不同文化的机会，从而去激发我的创造力和想象力，并将此回馈给我的学生们。

在学而思网校这大半年，我认识到了科技的无穷力量，为了让孩子们适应这个变化丰富、信息繁杂的时代，我也在不断地提高教学技能和竞争力。

陶京艳

我是学而思国际的陶京艳，毕业于北京语言大学英语语言文学专业，2017 年加入学而思国际，现在从事英语教学与教研工作。能在热爱的领域工作是一种幸运，这筑起了我的小世界，让我感到温暖安心的同时，又不断地鼓舞着我去探索和创造。在学而思国际的课堂，我将这份热爱与孩子们分享，倾听他们年轻却坚定有力的声音，那是我世界里无数的窗。

王瑞娴

　　我是学而思的王瑞娴，2009-2011 年在学而思学习，2016 年从北京语言大学对外汉语专业毕业，随后加入学而思培优，教授小学英语。

　　从 2017 年 12 月开始，我授课之余还在培优英语总部高端组工作，负责当时英语国际预备队的线上课程教研。2018 年初，我参与了小学英语高端体系全新升级为未来体系的过程，并成为总部教培负责人，2019 年又转岗负责未来体系产品学科。在不断变化的过程中，我学会了高效学习的方法，并将所学融汇到教学中，以期成就更多学生。

王文斌

　　我是学而思的王文斌，2001 年毕业于清华大学英美文学专业，2009 年加入学而思培优，

现在是北京分校的高中英语老师。从硕士研究生开始，我就发现自己喜欢高中英语教学，希望搞清楚在什么情况下，高中生更愿意学习英语。现在，每天解答学生问题，批改学生作文，鼓舞学生进步，让我乐此不疲。沐浴在学生自信的笑容中，我感到快乐和满足。除了教书，我还喜欢游泳、晨跑和各种球类运动，休息时也爱听古典钢琴曲。

吴星辰

　　我是学而思的吴星辰，毕业于南京大学数学系统计学专业，2013 年加入学而思培优，现在是南京分校的小学数学老师，有着 6 年小高授课经验，包括 1 年的双师授课经验。这几年，我陪伴孩子们徜徉在数学海洋中领略数学之美，也见证他们从小不点儿长到比老师还高，这一切真的是人生中最开心自豪的事了。

王志斌

我是学而思在线的王志斌，从2008年暑假开始在学而思学习，从那时起就打下了非常好的物理和化学基础，也结识了很多优秀的同学，让我后续的学习动力十足。

2012年我考上吉林大学，2016年毕业后以管培生身份加入学而思在线，起初是一名辅导老师，现在是科学课主讲老师。从学员到老师，不变的是对学而思的爱。

回想学生时代，我从北京门头沟跨越"千山万水"跑到海淀上学而思，可谓"风尘仆仆"。现在有了在线课，郊区的孩子们不用再像我当年那样在路上折腾三四个小时了，坐在家里就能上课。未来希望与志同道合的同事们一起，把优质的在线课程送到中国每个角落。

吴培鑫

我是学而思的吴培鑫，2019年毕业于北京大学历史系。刚加入学而思不到一年，现在是培优总部的语文老师。我自幼喜爱读书，钟情于文学，把它们作为我瞭望世界的窗口。作为一名语文老师，我希望以一己之力，为更多孩子打开这扇窗，看见世界更远处的光。以知识传播知识，以灵感激发灵感，以信念影响信念，是我毕生的教育追求。

徐宏伟

我是学而思的徐宏伟，2007年加入学而思，现在是天津分校的老师。在学而思这些年，我不断经历变化和成长。最初我是一名呼叫中心的员工，之后加入教务团队，成为一个新服务中心的主管，经历了新店从筹备、装修、选人到开业的整个过程。

2009 年我被调往天津分校，充分参与到新分校创建期的不同工作中。2011 年，我踏上教学岗位，在三尺讲台上开辟了新领域。

2014 年，我加入学科团队，创立了小学中年级理科团队。2017 年我加入校办，从分校维度帮助校长处理各种业务工作，拓宽了思考问题的宏观视野。多角色的体验，让我不断突破自己。

许全

我是学而思的许全，毕业于清华大学计算机系，2011 年加入学而思培优，是上海分校的一名高中老师。最开始怀疑过自己是不是选错了路，甚至有多次想过离开，走到今天我很庆幸在每一次遇到困难的时候都选择了坚持。很激动可以在这样一个最好的时代投身祖国的教育事业，见证中华民族伟大复兴。

徐俊

我是徐俊，学而思的一位"资深"年轻教师。2014 年毕业于南开大学，保送至中科院数学所，一年后在同学的鼓动下退学进入教育行业，成为学而思培优的一名老师。通过工作，我确定了自己的意义——成人达己。

许梦菲

我是学而思的许梦菲，毕业于南京大学社会学专业，2014 年 10 月加入学而思培优南京分校，如今是一名小学四五年级英语老师。2016 年暑假，由于结婚，我被调到学而思苏州分校，因为当时苏州分校尚未开设英语课，我就教了一段时间的三年级数学。分校英语学科落地后，我从 2018 年重返小低英语课堂，直到现在。

经历了小学各年级的教学，

我掌握了不同年级孩子的特点和教学方法。教育让我不断感受到孩子们的真善美，自己因此变得更加温暖、阳光、善良。闲暇时间，我喜欢旅游，也乐意看教育类书籍，既想当个懂学生的好老师，又想当个懂孩子的好家长。

辛宇

我是学而思在线的辛宇，2004 年开始在学而思学习，2012年考上北京交通大学城市轨道交通专业，2016 年毕业后加入学而思在线，成为一名辅导老师，后来做过人力工作，最后定岗到小低数学，并通过申请和培训转为授课老师。在这里，我尝试着设计课堂，将数学与生活联系起来，让孩子更爱数学，更愿意探索身边的新鲜事物。一路走来，我的感想是：既然喜欢，那就竭尽全力做好。

煦晴

我是学而思网校的煦晴老师，2019 年从山东财经大学毕业后加入学而思网校，现在是小学部数学辅导老师。每天跟小朋友们一起学习、聊天、成长，不停地遇见更多可爱的小朋友和家长们，让我不停地感受到"斯人若彩虹，遇见方知有"这句话的含义，能遇见这么多属于自己的彩虹真是一件幸运的事。

徐彤

我叫徐彤，2016 年 9 月加入学而思国际团队，成为部门的第 5 名员工，现任托福阅读老师兼国际班教研员。在这里，我和公司一起飞速成长，见证了一批批优秀学生取得进步的过程，也和很多学生、家长结下深厚情谊，累并成长着，痛并快乐着。在学而思，比薪水更吸引人的，是学生、家长对我的认可和看到自己学生越来越优秀的满足感。

徐硕烁

我叫徐硕烁，2017 年加入学而思国际，现任教师培训师，更是一名一线老师。两年来，我见证了团队的从 0 到 1，陪伴了上百名学生的成长，懂得了如何明确目标和践行使命。能够在这些可爱孩子的成长道路上做出少许贡献，是我莫大的荣耀。

余夫

我叫余夫，生于教育世家，却想做"斜杠青年"，从北京大学数学系毕业后 6 次改行，做过游戏，当过审计，做过房地产互联网营销……一路走来，我发现数学思维无论在哪个行业都发挥着作用。所以，在付出百万机会成本之后，我选择回归数学教

育，于 2018 年加入学而思网校，负责理科大数学产品。

在研发产品过程中，我越发体会到在数学学习中，知识点只是一些载体，最重要的是学会认识世界和思考问题的方式。很多时候，数学思维会让我们跳出束缚，看到更多元的世界。未来，我想把自己的印记留在孩子的进步里，让他们学好数学、用好数学。

杨惠涵

我是学而思网校的糖果老师杨惠涵，2010 年加入学而思培优语文团队，2012 年进入学而思网校，有幸成为网校第一批语文教师。从教十年来，我总能在一个个纯真的笑脸中，获得成就感、幸福感，甚至得到心田的滋养与净化。记得刚做老师那几年，我时常备课到深夜，但那时还不太懂教育，总想把很多知识"告诉"学生。后来，在不断地实践与学习中，我发现真正好的教育在于启发与唤醒，就像雅思贝尔斯所说"教育是一棵树摇动另一棵树，一朵云推动另一朵

云，一个灵魂唤醒另一个灵魂。"所以，在课堂上我致力于启发孩子思考，唤醒他们本就圆满具足的爱与智慧。

赵万军

我是学而思的赵万军，毕业于清华大学机械系，是材料加工技术专业硕士。2006 年加入学而思，在卫国中学教学点上了第一堂初中数学课，2009 年开始执教高中数学，期间转战多个教学点，目前在通州任教。

这些年，帮助很多孩子提高成绩并考入理想大学，让我获得了快乐，实现了价值。前不久，一位曾经的学生也回到了学而思工作，那是我在万信大厦带的第一届高中学生，那一届有 3 名学生考上清华。

14 年来，我在这里收获很多，一些学生超过了我，学而思也升格为好未来，我真的没想到一个补习班能发展成今天这样，总之幸福满满！未来会不忘初心，继续努力！

赵雅琴

我是学而思的赵雅琴，2003年毕业于华中师范大学化学教育专业，此后三年在上海第三女子附属中学（现并入上海市延安中学）担任化学教师。2006 年加入学而思培优，参与组建化学团队，搭建化学教学框架，负责化学讲义的编撰和新教师的培训。14 年来，我从一名化学面授课教师逐步成长为服务全国学生的智慧教育主讲教师。师大"求实创新，立德树人"的校训一直提醒和鞭策着我，让全国的孩子们享受到更优质、更公平的教育资源，是我愿意毕生为之奋斗的动力。

郑东峰

我是学而思的郑东峰，不过孩子们记得更清楚的，可能是"正东风"，也可能是"万事

俱备，只欠东风"，不管哪个，都是我。我从清华大学毕业后，2012 年加入了学而思培优郑州分校，然后在这里生根、发芽。

做老师是一件很有意义的事情，可以教会孩子们包罗万象的知识，让孩子们看到美丽广阔的世界，也能陪着他们一起成长。最开心的事情就是因为有了我，孩子的人生路上不仅会多一些更加斑斓的色彩，还会多一段与"东风"有关的快乐时光。

朱子琦 |

我是学而思的朱子琦，2014 年从清华大学化学系毕业，之后加入学而思培优杭州分校，在教研部初中数学教研组工作，也一直奋战在教学一线。

在学而思这几年，我经历过一轮完整的教学，也接触过所有层次的学生，愈发感到"因材施教"的正确性。教师其实更多情况下是起引导作用，让学生掌握学习方法，这样无论对他们当下的学习还是今后的人生都有帮助。对我来说，这也是一个教学相长的过程，从学生身上发现闪

光点，自我反思自我修正，与学生共同进步，不亦乐乎？

左胜群 |

我是学而思的左胜群，本科毕业于华中师范大学，硕士毕业于北京大学。2014 年加入学而思培优，开始在北京学而思初中部负责小升初业务，后来调到沈阳学而思，负责小升初和语文业务，现在是沈阳分校的语文老师。

从一开始教数学到后来教语文，从一开始教初中到后来教小学，我经历了很多蜕变，最大的感受是学而思非常能够锻炼人、培养人。在这个过程中，我对教育也有了更深刻的认知：教育是一件需要全身心投入的事情，我们应该将心比心，以心换心。

张勇 |

我是学而思的张勇，本科毕业于四川大学生命科学与技术基地班，研究生毕业于北京大学分子医学研究所，2015 年毕业前夕加入学而思，刚好赶上了福州分校建校。

从最初只有 2 个学生的课堂，到如今带领 100 多个学生；从最初执教小学六年级数学，到如今任教新高一数学，在福州分校四年，我所带的年级一直都是分校的最高年级。我亲眼看到很多学生经过自身努力最后考上了理想的高中，这个过程也让我实现了自己的人生价值，非常开心。未来三年，我将继续陪伴在他们左右，帮助他们进入理想的大学。

张俞

我是学而思的张俞，毕业于南京大学商学院工商管理专业，2017 年加入学而思培优，现在是镇江分校的学科老师、辅导老师。在学而思的工作经验告诉我：你种下什么样的种子，就会收获什么样的果实，但是果实何时成熟，是大是小，是

酸是甜，要看你的浇灌和照顾是否合适。其实，教育是一个不光引领陪伴着孩子成长，也会使自己成长的过程。很开心有机会从事一份有欢乐、有思考、有成长的工作。

翟一先

我是学而思的翟一先，2006—2010 年曾在学而思学习，2015 年毕业于美国维拉诺瓦大学，获得数学学士学位，2016 年获得该校应用统计硕士学位，同年进入佐治亚理工学院，攻读统计硕士学位。

大学期间，我多次在学而思实习：2012 年顺利通过教师入职培训之后，在深圳分校实习；2013 年回到北京，参与学而思"一对一辅导中考生冲刺"项目，同时进行竞品分析工作；2019 年受到昔日老师召唤，加入学而思美国项目组。在学而思，我的数学兴趣被充分激发，并认识到数学是认识事物本质的学科，我希望将这份热情传递给更多的孩子。

郑雪宁

我是学而思网校的郑雪宁，2015年毕业于北京林业大学应用数学专业，随后加入学而思网校。先后就职于学科部和学习规划部，目前在编程项目部工作。我在这里收获的不只是教学技能，更多的是对教育的理解：教育不仅仅传授知识，更是唤醒、激发、鼓舞，让每一个孩子都能成为更好的自己。未来我将继续用心做事，用爱育人。

周耀钗

我是学而思网校的周耀钗，毕业于西安财经学院汉语言文学专业，2017年加入学而思网校，现在是西安分校高中部辅导老师。每当听到家长说"跟着您，我们放心"，我心中就充满力量。对我来说，这是家长对我最高的赞赏，也是最真挚的爱的反馈。

闲暇时，我喜欢看书、写作，目前已经有数篇文章发表并且获奖。有一句话叫"不要假装努力，结果并不会陪你演戏"，只有全力以赴地努力，才能换来展翅高飞的自己！

学 生 篇

（按姓氏首字母排列）

陈思盼

我是陈思盼，2016-2019 年在学而思网校学习，因为老师的缘故，网校这段经历成为了我最快乐的时光。希望我以后也能成为一名博学多才的语文老师，让更多孩子爱上语文！

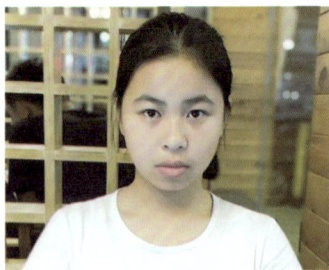

陈菲

我是陈菲，2019 年在学而思·爱智康学习高中物理，期间，我弄懂了很多不会的题目，学会了很多解题方法，养成了做笔记、画思维导图的好习惯，也

变得更加自律。我不仅收获了知识，还收获了成熟和友谊。

陈盼奇

我是陈盼奇，来自辽宁铁岭，在学而思网校学习两年半了，报了语文、数学、英语、物理、化学 5 门课，我很喜欢这里的老师，他们上课活泼有趣，善于提炼总结，给我带来很多启发。

印象最深的是韬哥（朱韬）的数学课，我之前特别不喜欢数学，一上课就头晕，也不爱写作业。后来我跟着韬哥学了两年，从初二开始渐渐喜欢上数学，遇到难题也不再退缩，而是自己去分析、寻找解题思路。其他老师也对我帮助很大，他们让我爱上了学习，我是一个喜欢追星的女孩，现在我是拿着追星的精神在学习。

陈政岚

我是陈政岚，2018—2019年在学而思·爱智康学习物理。最开始我对物理并不"感冒"，来这里也只是为了和同学一起学习。可当我来了之后，一切似乎变得不同了——我第一次发现学习其实也可以很有趣，物理也没有想象中那么枯燥和困难。在这里，我真的学到了很多知识，也培养了许多好习惯。当然，取得的进步离不开老师的指导和自身的努力。未来的日子，我会继续铿锵向前！

狄欣然

我是狄欣然，2017年暑假在学而思网校学习。记得第一次上课，由于版本问题，我听得一头雾水，不过还是认真上完了——主要是迫于贾东方同志（老师）战斗力太过强大。

中间有段时间我比较迷茫，东方同志就开始频频跟我老爸沟通。起初我不怎么在意，后来无意中看到他与老爸的聊天记录，几十条信息全是关于我，一贯"男儿有泪不轻弹"的我当场流下了眼泪。

有几次学校课程，我没有听明白，私底下向东方请教，他也会仔细回答。在他的指导下，我的成绩提升很多……不知不觉已经与网校和东方同志走过了一年时光，其中有过欢乐，亦有过失落，有过成功，亦有过失败。无论如何，还是很开心在缥缈的人生中认识了你。

李悦颖

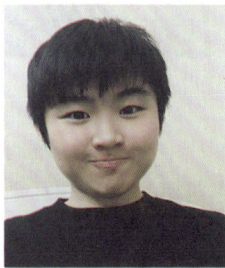

我是李悦颖，很早就听闻学而思了，但我家附近没有教学点，便没在这里学习。直到一次无意中看到学而思网校的APP，我赶紧报名了。在线学习节省了很多路途中的时间，答疑、出门测和课堂巩固功能对我也很有帮助。

我还遇到了很多好老师：耿泽群老师提醒我们关注生活，多与父母交流，不仅对写作文有益处，也有利于改善家庭关系。朱韬老师幽默的风格和清晰的思路也让我受益匪浅。不过，分数上提高最多的还是曹旭阳老师的物理课。以前我物理很弱，听完旭阳老师的课，以前不会的知识点都搞懂了。有时成绩考差了比较沮丧，是辅导老师彬彬一直鼓励着我，让我能够坚定地朝着梦想迈进。

吕泽远

我是吕泽远，从 2018 年 4 月开始在学而思国际学习。在此期间，我采访了美国前教育部长阿恩·邓肯（Arne Duncan），还参加了国际演说家比赛，完成了自己的 TED 式英文演讲。在学而思，我不仅掌握了英语这门语言，还学到了思考和探索更精彩世界的方法。

刘泽一

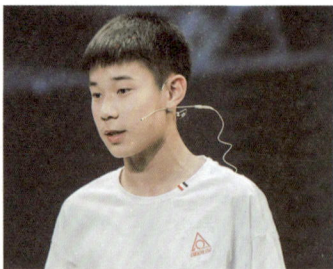

我是刘泽一，现就读于人大附中朝阳分校，2018 年 6 月开始在学而思国际藤校能力体系学习。期间我在国际演说家比赛中成功晋级 11 强，并获得最佳人气奖。学而思国际让我看到了更大的世界，遇见了更专业负责任的老师和更优秀的小伙伴。这一年，我的英文听说读写能力都取得了不小的进步，变得更自信更从容了，未来我会继续加油！

刘诗萱

我是刘诗萱，现在就读于深圳国际交流学院，2018 年暑假开始在学而思学习与普通高中同步的数学、物理和化学。2018 年寒假因为学校放假时间不同转到了学而思·爱智康，在那里，我认识了一位特别幽默风趣且专业的化学老师。此前化学是我成绩最不理想的一门学科，但是通过一对一有针对性地查漏补缺和必要的拓展，我的化学成绩有了显著提高，我对化学的兴趣也更浓厚了。

林嘉宜

我是林嘉宜，2019 年暑假在学而思·爱智康学习初中英语。我是一个喜爱英语的小姑娘，爱听爱唱英文歌曲，超爱看美国大片，在假期旅游的时候也喜欢接触西方文化。

非常开心妈妈给我报名学而思·爱智康，更加开心的是遇到了 Jane 老师，由于我英语口语比较棒，上课爱举手发言，做笔记工整还加入了创意插图，老师总是表扬我，这让我学英语的劲头更足了。但是，我之前没有太关注语法和单词拼写，学而思·爱智康正好帮我弥补了这个短板，特别是 Jane 老师非常关注细节，帮助我不断提升。希望未来在老师的指导下我的英语更加棒棒！

柳怡雯

我是柳怡雯，从 2019 年春天开始在学而思国际参加托福冲刺的学习。老师们循循善诱，还专门耐心纠正了我不爱背单词的毛病。助教小姐姐个个负责，变着花样督促我们。我喜欢这儿的每一个老师，喜欢学而思浓厚而轻松的学习气氛，谢谢老师们，SAT 的时候见！

邱子玥

我是邱子玥，现在在东莞市东华初级中学读初三。2017 年夏天我开始在学而思培优学习，在这里有过一次次感动、一次次蜕变和一次次收获，我从老师们那里获得的远不只知识。感谢相遇，感恩陪伴！

石林

我是石林，2019年在学而思国际学习托福二阶和三阶，不仅认识了认真负责、经验丰富的老师，获得了个性化的跟踪和指导，也结识了来自各大学校的同侪。机构不是万能的，提供所需才是王道。学而思国际能够系统地了解、提供学生所需，我从中进步很大，更愿意表达自己，并且考上了理想的国际部，非常感恩。写下一首藏头诗以表谢意：

学自亥猪备中考，
而择托福筑升学。
思行共进两阶毕，
国庆七十更深思。
际远涯边犹得见，
早晚打卡单词前。
规成前有海资源，
划后督促更一遍。

唐诗雨

我是唐诗雨，2004—2009年在学而思培优学习，目前在同济大学攻读金融硕士学位，同时在华夏久盈（华夏保险）资产管理实习。学而思培养了我独立思考与合作的能力，强化了我探索新事物的兴趣，更让我养成了自律的习惯，对我之后的学习生活产生了很大影响。

汪颐芳

我是汪颐芳，2018—2019年在学而思·爱智康学习高中化学，原本化学成绩在及格线以下的我在这里掌握了许多重要的知识点；在和老师讨论的过程中，也学会了寻找最佳解题思路，还拓展了很多有趣的课外知识，化学成绩更是提高了30多分，最后以总分615分的成绩考入了厦门大学。

王轩铭

我是王轩铭，现在上小学二年级，从幼儿园大班开始在学而思网校学习一些小课程，听过博物通识微课，特别有意思。上小学以后，妈妈又给我报了学而思培优的语文大素养课还有数学课。

数学老师赵吉，也是我的面授课启蒙老师，他经常会拿一些有趣的东西举例子，也总跟我们讲他吃包子的故事，很好玩。刚开始我的计算特别不好，可赵老师总是夸奖我，让我坚持做计算小超市，现在我已经做完20多本计算小超市了，计算再也不成问题。谢谢赵老师的信任和鼓励，让我在数学中获得了很大的满足，未来我会跟着他把数学学得更好。

魏来

我是魏来，在学而思培优学习4年多，去年考上了清华附中实验学校。回首每周在学而思学习英语、数学的日子，我五味杂陈，这里边有一遍遍背单词的咬牙坚持，有被数学难题"虐"到"累觉不爱"的低落，每到这种时候，都是老师们给了我最大的

支持、督促和鼓励，感谢曾经努力过的自己，更感谢给予我无私帮助的学而思老师们。左方圆老师、刘森老师、李世超老师、唐丽晶老师……是你们让我成为了更好的自己！

馨心

我是馨心，2016-2018年在学而思网校学习，期间我不仅感受到学习的趣味性，还感受到了老师们对我的关心和爱护，在学而思的经历让我学会了感恩，在这里要对老师们说声"感谢"！

徐一鸣

我叫徐一鸣，今年11岁，就读于广州开发区第一小学。2017年12月来到学而思学习，回想起这段时光真是既甜蜜又美好。

妈妈告诉我，与志同道合、

优秀的人在一起学习很重要，优秀的光环会影响身边的小伙伴，大家相互影响，共同进步。学而思根据学生不同的水平，分成不同的班级，让我在人生的赛道上一步一步跨越，实现了心中的小目标，也结识了很多优秀的小伙伴。

我最喜欢的一句话是："千淘万漉虽辛苦，吹尽狂沙始到金。"不管做什么，都不要急于回报，因为播种和收获不在同一个季节，中间隔着的一段时间，我把它叫做"坚持"。

徐艺甜

我是徐艺甜，现在上小学四年级，从三年级开始在学而思网校学习，我很喜欢网校的课，好玩又特别。老师电脑里有很多有趣的画面和音效，PPT 也很好看。我的语文老师达吾力江非常幽默，会讲搞笑的段子，也教给我很多方法和技巧。过去，我的阅读理解在班上只排在中等，现在都是名列前茅。除了语文，我还在网校学习数学和英语，课程都很生动，未来我会继续在这里

学习下去。

依琳

我是依琳，从 2019 年开始在学而思网校学习大数学，认识了幽默风趣、热情阳光的煦晴老师。因为有几道错题怎么都学不会，我就找到煦晴老师讲解，渐渐地，跟她的关系越来越好。

我们一起唱歌，一起聊日常，一起破解难题，一起变魔术，共度美好时光。在煦晴老师的指导下，我爱上了数学。数学开了窍，我又学习了化学、语文、地理、历史等课程。在这里，我增长了课外知识，对未知世界燃起了好奇心。

张尔弩

我是张尔弩，2005—2011 年在学而思培优学习。在这里，我告别了童年的孤独，认识了许多

陪伴我度过整个学生时代的朋友，学会了思考问题的基本方式，并且拥有无数美好快乐的回忆。

朱睿颉

我是朱睿颉，就读于人大附中 2016 级早培班。行者无疆，智者无域，我追寻大抱负、宽格局、雅志趣。2018 年，我在学而思国际学习，同最有情怀的老师、心怀梦想的同学一道，几乎将英语变成了"母语"，时刻准备向世界发出东方少年的声音！

家 长 篇 [1]

（按姓氏首字母排列）

崔艺千

我是崔艺千的妈妈，女儿在学而思学习七大能力一年了，她非常喜欢"童童老师"刘洪杰，因为喜欢老师，她对数学产生了兴趣和好奇心。她不仅希望童童老师教她数学，还希望老师教她语文和英语，可见一个好老

师对孩子的影响有多大。

孩子现在已经从七大能力中班毕业了，她很舍不得童童老师，不过她很快又可以跟老师见面了。希望在学而思能够遇见更多好老师，为孩子开辟一片五彩天空。

李建军

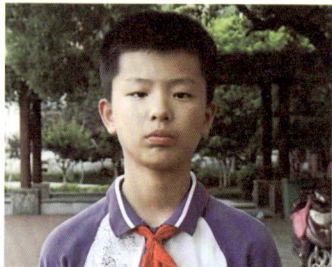

---

1 注：大部分家长选用的是孩子的照片，为与照片匹配，照片旁边放的也是孩子的名字。

我是李建军的爸爸，是一名博士，也是一名大学老师。作为一个教育工作者，我对学而思的接受和认同有一个过程。谨从结果而言，在学而思的学习对于小孩培养数学思维、提高数学成绩确实发挥了重要作用。学而思的横幅——"教不好学生等于偷钱和抢钱"，太霸气，太自信了，应该请全天下的教育者共勉！

刘航成

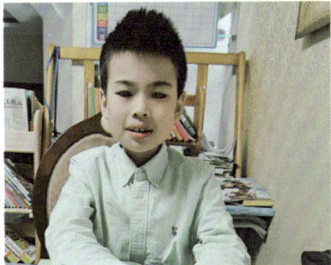

我是刘航成的妈妈，暑期给孩子报了学而思网校的大语文，他非常喜欢这种上课方式。这里每天都有金币奖励，孩子收获了满满的成就感，也无形中刺激了他的学习动力。大语文包罗万象，孩子在家就可以了解世界，领略古今中外文学大家的思想，他觉得很新奇、很兴奋，从而带动了课外阅读的热情。

孩子的主讲老师姜博文，上课风趣幽默，课堂气氛活跃，孩子们特别喜欢。辅导老师张恩乾功底深厚、真诚热情，记得孩子刚写移步换景的作文时，不知如何下手，恩乾老师知道后马上打开微信视频耐心地给孩子讲解，这种细致甚至超过了我们家长，让我非常感动。

倪若涵

我是倪若涵的妈妈，孩子小学四年级进入学而思学习数学，收获满满，为她顺利进入理想的中学打下了坚实基础。孩子进入初中之后，我们曾经为是否继续就读学而思纠结过，后来有幸接触到既为良师又为益友的张贵英老师、严谨有为的梁邦文老师。我们做出了选择，希望孩子在学而思的学习中有新突破、新惊喜。

徐圣洁

我是徐圣洁的妈妈徐薇，现在是北京广播电视台北京新媒体集团新闻部总监。徐圣洁从2019年3月至今在学而思国际

学习。这里有一群年轻、充满活力与激情的老师，有一群朝气蓬勃、奋发向上的同学。老师们打破常规的讲解令人耳目一新，课堂上所运用的最新教学理念，使我和孩子深深地感受到原来英语学习可以这样有趣和丰富多彩。这半年的学习，孩子的英语水平有了突飞猛进的提高。

去年六一儿童节，我们团队配合学而思国际做了《国际演说家》总决赛，作为活动的见证者和参与者，我和很多家长亲身感受到了优秀学员的榜样力量，感受到了学而思老师的敬业与专业，心中充满感动、感谢和感恩。

攸昕庭

我是攸昕庭的妈妈，女儿暑期上了学而思网校的大科学班，刚接触物理实验就被吸引住了，在动手的过程中，她不断发现日常现象的本质。我们没有想到，原本以为枯燥难懂的物理课竟然可以这样有趣生动。感谢擅长活跃课堂气氛的宋泽穹老师，他不仅是优秀的老师，更是孩子喜欢

的朋友。还有宝藏老师——宝康老师，辅导作业极其认真，孩子如果没按时交作业，他一天能提醒三遍，比家长还上心。

学而思的"预习＋学习＋复习"既能保障孩子牢固地掌握知识，又能帮助他们养成良好的学习习惯。我们在女儿五年级的时候才知道学而思网校，有点相见恨晚，有二宝的话，一定从一年级就送过来。

赵子添

我是赵子添的妈妈。"为学，笃思"，是我理解的学而思的文化精髓，因此帮孩子选择辅导机构时便有了对学而思的笃信。果然，孩子因喜欢数学走进学而思，因为学而思对数学从喜欢变成更喜欢，如果接着走下去，或许会成为酷爱，成为深爱，成为挚爱……无论如何，孩子因学而思而悟得"学习以求进取，思之方得精进"的道理，又何尝不是毕生之幸？

张
芷
萌

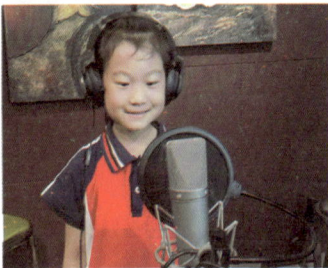

　　我是张芷萌的爸爸，我家小萌从 2016 年起一直在学而思培优沈阳分校学习。对小萌而言，学而思既是一所获得知识、增长见识的学校，也是一个锻炼意志、完善自我的平台，它更为小萌插上了一双搏击风云、实现梦想的翅膀，让她在蔚蓝色的知识天空中自由翱翔！